KB254108

행복으로
가는 길

행복으로
가는 길

초판 2쇄 · 2011년 9월 27일 | 지은이 · 현성 | 펴낸이 · 김동금 | 펴낸곳 · 우리출판사
주 소 · 서울특별시 서대문구 충정로3가 1-38호 | 전화 · (02) 313-5047 5056 | 팩스 · (02) 393-9696
E-mail · woribooks@wooribooks.com | ⓒ 현성 2009, Printed in Korea
등록 · 제9-139호 | ISBN 978-89-7561-287-9 03220 정가 11,000원

* 잘못 제작된 책은 교환해 드립니다.

행복으로 가는 길

현 성 지음

우리출판사

여기에 실린 글들은 법주사의 『법주회보』와 음성 미타사의 『미타법보』에 매월 실었던 글들을 한데 모은 것이며, 글의 내용은 법주사에 살면서 보고 느낀 일상적인 일들을 부처님의 말씀과 접목해서 써내려간 단편적인 글들이 대부분이다.

되도록이면 독자들이 쉽게 다가갈 수 있도록 평이하게 쓰려 노력했다. 하지만 특정한 잡지에 정해진 틀에 따라서 글을 올려야하다 보니 글 내용이 자유롭지 못하고 경직되고 굳은 감도 있다.

부처님의 가르침은 옹달샘처럼 마르지 않고 무궁무진하며 청정하다. 불교의 자비와 평화의 사상은 지구촌 곳곳에서 어둠과 다툼을 몰아내고 세상을 널리 아름답고 행복하게 만드는데 큰 기여를 하고 있다.

　　　나의 책이 부처님의 미소를 전파하는데 조금이라도 가교 역할
을 해서, 세상 모든 사람들이 인종과 종교를 떠나 행복해진다면 더 이상
바랄 것이 없다.

　　　끝으로 이 책을 만들어 주신 우리출판사 직원 여러분과 그 외
도움을 주신 모든 분들께 감사드린다.

2009년 여름

속리산 법주사에서

현성 합장

1부

만남에 대하여

극락과 지옥

어떤 사람이 죽어서 염라대왕 앞에 갔다. 그는 생전에 바르고 좋은 일을 많이 해서 극락에 갈수 있는 티켓을 얻었다. 그러나 그는 극락에 가는 것보다 더 중요하고 궁금한 것이 있었다. 그것은 극락과 지옥의 차이를 아는 것이었다. 그래서 그는 염라대왕에게 특별히 부탁해서 극락과 지옥을 모두 구경할 수 있는 특수한 표를 얻었다.

먼저 지옥에 들어갔다. 마침 밥을 먹을 시간이었다. 몸이 깡마르고 머리칼을 산발한 사람들이 하나 둘 나와서 밥을 먹기 시작했다. 그들은 2미터가 넘는 긴 수저를 가지고 혼자 밥을 먹으려고 온갖 노력을 기울였다. 그러나 한 숟갈도 먹지 못하고 괴로워하였다. 그리고 얼마 있다 밥은 사라지고 한 숟갈도 먹지 못한 그들은 울부짖으며 밖으로 끌려 나갔다.

이제는 반대로 극락에 가 보았다. 극락이라고 해 보았자 지옥과 별반 다를 것이 없었다. 극락에도 식사시간이 되었고 지옥과 똑같이 2미터 길이의 수저와 밥이 나왔다. 사람들은 웃으면서 나와서 서로 마주보며 의자에 앉았다. 그리고 두 사람씩 다정하게 앉아서 서로의 수저에 밥을 떠서 상대방의 입에 밥을 넣어주었다. 아무리 긴 수저지만 바르고 좋은 마음을 쓰는 그들에게는 아무 장애가 되지 않았던 것이다.

이 이야기는 마음이 중요하다는 것을 강조하고 있다. 우리가 어떤 마음을 쓰느냐에 따라 극락과 지옥이 결정된다는 이야기다.

우리는 하루에도 수백 수만 번씩 마음이 변하여 지옥과 극락을 오가고 있다. 잘 살아보겠다고 하다가도 어느 순간 마음이 돌변해서 포악해지기도 하고 절망하기도 한다. 참으로 알 수 없는 것이 사람의 마음이다. 그래서 열길 물속은 알아도 사람 마음은 알 수가 없다는 말이 나오는 것이다.

나는 한때 시골 농가를 빌려서 나무를 때고 산 적이 있다. 어느 가을날, 한번은 텃밭에서 직접 재배한 아욱을 뜯어다 국을 끓였다. 가을의 아욱국은 문을 잠가놓고 혼자 먹는다는 말까지 나올 정도로 맛이 있다. 나는 밥 한 공기를 뚝딱 해치우고 더 덜어다 먹었다. 그때가지는 아주 좋았다. 국을 거의 다 먹었을 무렵 이상하게 입안에서 뭔가 모래 같은 것이 씹히는 것이 느껴졌다. 그러나 별것 아니겠지 하고 계속 밥을 먹었다. 그러다가 국이 거의 떨어졌을 무렵 국그릇의 바닥을 긁다가 깜짝 놀랐다. 뜻밖에도 그 안에는 새까만 흙덩이가 쫙 깔려있었다. 그 안에는 죽은 벌레도 한 마리 들어있었다. 왜 흙덩이가 들어갔을까 하고 생각해보니 부엌 천장에서 떨어진 것 같았다. 시골의 부엌 천장은 나무를 때니 수십 년 동안 쌓인 새까만 먼지가 가득 붙어있어 매우 지저분하다. 그런데 내가 그날따라 국을 끓이다가 냄비 뚜껑을 열어놓고 잠시 나간 사이 그 위에 떨어졌던 것이다.

그것이 부엌 천장에서 떨어진 새까만 먼지 덩이였고, 오랫동안 온갖 더러운 먼지가 쌓여서 모인 덩어리라는 생각이 들자 갑자기 구역질이 나면서 토하려고 하였다. 내가 몰랐을 때는 그렇게 맛이 있던 아욱국이 흙덩이가 들어갔다는 생각을 하자 갑자기 토하려고 하면서 마음이 백팔십도 바뀌었던 것이다. 이것은 무엇을 의미하는가. 우리를 지탱하고 유지하는 것은 이 육체지만 그것을 지배하고 좌지우지하는 것은 우리 마음이라는 것이다. 이렇게 사람의 마음은 간사해서 수시로 뒤바뀌는 것이다.

그래서 우리가 공부해야 할 것은 그 마음을 잘 다스리는 공부를 해야 한다. 아무리 많은 선방을 다니고 아무리 많은 절 기도를 해도 마음 한 번 잘못 쓰면 소용이 없는 것이다. 그래서 우리는 마음을 투명하고 맑게 하는 공부, 어떤 외압이나 바람에도 중심을 잘 잡을 수 있는 공부를 해야 하는 것이다.

우리는 먼 훗날을 생각하며 극락만을 생각하지 말고 지금 현재의 삶에서 바른 마음을 써야한다. 극락은 사후에만 있는 것이 아니라 현재의 삶에도 엄연히 존재하는 것이다.

세상 사람들을 만나보면 모두가 다 힘들다고 한다. 노동이 힘들고 결혼 생활이 힘들고 학교생활이 힘들고 생활이 쪼들려서 힘들다고 한다.

그러나 개중에 몇몇 사람들은 생각을 달리 한 사람들도 있다. 비록 막 일을 해서 먹고 사는 사람이지만 그래도 놀지 않고 일할 수 있어서 좋다 는 사람, 아르바이트를 하고 남은 시간에 밤잠을 설치며 공부를 하지만 공부할 수 있어서 좋다는 학생, 비록 남편이 많은 돈은 벌지 못하지만 가 족이 늘 같이 있고 화목할 수 있어서 좋다는 가정주부 등이다.

우리에게 과거는 이미 지나갔고 미래는 불투명하다. 우리에게는 오직 현재가 있을 뿐이다. 현재에 충실하고 항상 즐겁게 행복하게 사는 것이 중요하다. 고난이 닥쳐와도 부처님의 가르침에 따라 희망을 잃지 않고 매 사에 긍정하며 감사하며 사는 것이다.

행복과 불행, 극락과 지옥은 내가 만들어 가는 것이다. 매사에 감사하 고 살자. 가족이 있어 감사하고 친구가 있어 감사하고 두 다리가 있어 감 사하고 하루 세 끼를 먹을 수가 있어 감사하고, 늘 감사하는 마음으로 살 자. 감사하는 그 마음 속에 극락이 있다.

만남에 대하여

　　사람들은 서로가 서로를 필요로 하며 만남이 없이는 살 수가 없다. 사람들은 좋아해서 만나고 외로워서 만나며 일 때문에 만난다. 아침에는 식구들과 밥을 먹고 출근해서는 직장 동료들과 어울린다. 그리고 저녁에는 동창회나 친목회원들과 술자리나 식사가 있다. 돌아오는 길에는 시장에 가 생선가게 아줌마나 채소가게 아저씨를 만나 물건을 흥정하고 산다. 집 입구에서는 아파트 경비를 만나고 엘리베이터 안에서는 이웃 주민을 만나 인사한다. 이렇게 사람들은 하루에도 수많은 사람들을 만나며 산다.

　　만남은 좋은 것이지만 어떤 만남은 가끔씩 우리를 힘들고 괴롭고 암흑의 늪으로 빠지게 하기도 한다. 친구를 잘못 만나서 범죄나 마약의 소굴로 빠지기도 하고, 이웃을 잘못 만나 돈을 떼이기도 하고 원수가 되기도 한다.

부처님께서는 인간의 고통 여덟 가지[八苦]를 말씀하셨다. 그 중에는 미워하는 것들과 만나야 하는 고통인 원증회고(怨憎會苦)도 포함되어 있다. 만남 속에는 좋은 만남도 있고 고통을 주는 만남도 있는 것이다.

부처님께서는 어느 한 마을을 방문하여 설법으로 칠십여 명의 타라문을 제도하셨다. 그리고 그들을 제자로 삼아 거느리고 돌아오시는 길이었다.

도중에 헌 종이 조각이 길바닥에 떨어져 있는 것을 본 부처님께서는 제자에게 줍도록 했다. 비구가 분부대로 종이 조각을 줍자 부처님께서 제자에게 물었다.

"그 종이는 무엇에 사용했던 종이 같으냐?"

부처님의 질문을 받은 제자는 코에 그 냄새를 맡아보고 대답했다.

"이 종이는 향을 쌌던 종이임이 분명합니다. 비록 비를 맞았으나 아직 향내가 조금은 남아 있습니다."

좀 더 길을 가는데 이제는 새끼 토막이 길바닥에 떨어져 있는 것을 본 부처님께서 그 새끼줄을 줍도록 했다. 한 제자가 그 새끼줄을 줍자 부처님께서 다시 그에게 물었다.

"그것은 무엇에 썼던 새끼 토막 같으냐?"

그 비구는 새끼 토막을 코끝에 대어보더니 얼굴을 찡그리며 부처님께 말씀드렸다.

"이 새끼 토막에서는 비린내가 납니다. 반드시 생선을 묶었던 새끼입니다."

이에 부처님께서는 비구들에게 말씀하셨다.

"대개 어떤 물건이나 본래는 깨끗하였건만, 모두 인연을 따라 죄와 복을 일으키는 것이다. 현명한 이를 가까이하면 도의 뜻이 높아지고 우매한 일을 벗하면 재앙이 오는 것이다. 그것은 마치 종이가 향을 가까이 하였기 때문에 향내가 나고 새끼는 생선을 묶었기 때문에 비린내가 나는 것과 같아서, 차츰 물들어 친해지면서도 사람들은 그것을 깨닫지 못하는 것이다."(『법구비유경』 제 1권 「쌍요품」)

맑고 깨끗한 사람을 만나면 그 순수함과 인간적인 면이 더 높아지지만, 음흉하고 폭력적이고 비인간적인 사람을 만나면 그 순순한 마음도 자기도 모르는 사이에 물들어서 속이 검은 사람이 된다는 이야기다. 부처님께서는 이것을 설명하기 위해서 길거리에 떨어진 종이와 새끼줄을 주워서 설명하고 있다. 근묵자흑(近墨者黑)이라는 말이 있듯이 친구를 사귀더라도 사람을 봐가면서 사귀라는 말이다.

그러나 요즘 사회는 먹고 살기 위해서는 참으로 많은 사람들을 만나며 살아야 한다. 예를 들어 물건을 파는 세일즈맨을 하면 하루에도 수많은 사람들과 만나야 하고 친구가 되어야 한다. 만약 그 일을 하면서 나는 성격이 고결(高潔)하고 고고하니까 어떤 부류의 사람들과는 어울리지 않겠다고 하면 그 사람은 영업을 할 수가 없다. 마을에서 슈퍼를 하는 사람도 마찬가지다. 어떤 사람이 그 슈퍼로 담배를 사러 왔다. 그런데 그 사람이 동네에서 평판이 나쁘고 행동이 불량한 사람이라고 담배를 팔지 않는다면, 아마 그 슈퍼는 며칠 못가 문을 닫고 말 것이다. 아무리 손님이 맘에 들지 않더라도 항상 웃는 얼굴로 장사를 해야 물건을 팔고 장사가 잘 되는 것이다.

그래서 옛글에는 이런 말이 있다.

"산이 높고 가파른 곳에는 나무가 자라지 못한다. 그러나 골짜기 구불구불한 곳에는 초목이 떨기를 이루어 자라게 된다. 물이 급하게 소용돌이치는 곳에는 고기가 살지 못한다. 그러나 못을 이루어 멈추어 담긴 물에는 물고기 자라가 무리 지어 모여든다."(『채근담(菜根譚)』, 홍자성 지음)

모든 것들을 다 포용하면서 두루두루 어울려서 살라는 이야기다.

부처님의 말씀과 『채근담』의 말이 다른데 그러면 우리는 어떻게 살아야 한단 말인가. 그러나 다르지 않다. 부처님의 말씀은 그 근본을 말하신 것이고, 『채근담』의 내용은 실제 생활에서 사는 방법을 말한 것이기 때문이다.

그래서 우리는 연꽃 같은 마음으로 살아야 한다. 연꽃은 물이 고여 썩은 진흙 속에서 피어난다. 주위 환경은 늪과 지저분한 진흙이지만 그 속에 물들지 않고 피어나 고고한 꽃을 피운다. 연꽃은 어떤 것이 바르게 사는 것인가를 잘 안다. 하지만 그런 진흙 속에서 살아도 싫은 내색을 하지 않는다. 겉으로는 어울려서 살지만 그 마음은 아니다. 진실하고 바른 것들만 받아들여서 자기 것으로 만들고, 아니다 싶은 것들은 추려서 마음 속에서 지워버리는 것이다. 우리에게 사리를 분별할 만한 그런 내공만 있다면 불량한 사람을 만나거나 술집 골목을 누벼도 날마다 좋은 날인 것이다.

우리 불자들은 올 한해도 인간관계를 잘 정립하여 보다 의미 있는 한 해를 보내자.

새해 복 많이 지으세요

새해가 밝자 여기저기서 새해 복 많이 받으라는 안부 전화가 온다. 그러나 나는 올 한 해 복 많이 받으라는 말보다는 복 많이 지으라고 하고 싶다. 공부하는데 복혜쌍수(福慧雙修)라는 말이 있다. 복(福)과 지혜를 함께 닦으라는 말이다. 아무리 지혜가 많아도 복을 짓는 실천행이 없으면 달리기 선수가 절름발이인 것과 다름이 없다. 그래서 석가모니불을 모신 법당에는 좌우에 지혜의 문수보살과 실천행의 보현보살을 함께 모시고 있는 것이다.

한 장님 비구가 있었다. 눈이 보이지 않는데도 손으로 옷을 깁다가 때마침 바늘이 옷섶으로 빠졌으므로 그가 말하였다.

"누구 복덕을 짓고 싶은 사람이 있으면 나에게 옷섶에 빠진 바늘을 주워 주겠습니까?"

이 때 부처님께서 오셔서 비구에게 말씀하셨다.

"내가 바로 복덕을 짓고 싶은 사람이니, 너를 위하여 옷섶의 바늘을 주워 주리라."

비구가 부처님 음성을 알아듣고 빨리 일어나 예배하면서 부처님께 아뢰었다.

"부처님의 공덕은 이미 가득 찼는데, 어떻게 복덕을 짓고 싶다고 말씀하십니까?"

부처님께서 대답하셨다.

"나는 비록 공덕이 이미 원만하다 해도, 나는 공덕의 인과(因果)가 일체 중생에게 있어서 가장 첫째임을 깊이 깨달아 아느니라. 일체가 이 공덕으로 말미암기 때문에 비구는 공덕을 찬탄하느니라."(『경률이상』 권 20)

석가모니부처님께서는 늘 복 짓는 것에 게을리 하지 않으셨다. 그래서 눈먼 제자가 떨어뜨린 바늘을 주워주며 사소한 것에까지 복을 지으셨던 것이다. 부처님께서는 부처가 되기 전에도 수없이 많은 생을 보시를 하고 인욕을 하고 죽어가는 목숨을 살리며 복을 지었다. 아마 부처님만큼 전생과 이생에 많은 복을 지은 분은 이 세상에 없을 것이다. 부처님은 항상 누구를 위하여 좋은 일을 할까, 누구를 칭찬할까, 어떻게 하면 죽어가는 목숨들을 구제할 수 없을까, 어떻게 하면 싸우는 사람이나 나라를 화해할 수 없을까 하고 생각하시며 노력하고 실행했다. 그 과보로 부처가 되신 것이다. 물론 6년이라는 수행 기간이 있었지만, 그것은 강가에 있는 수많은 모래들 중 하나에 불과하다. 전생에 지은 수많은 복들이 모이고 모여서 부처를 이룬 것이다. 부처님께서는 위의 이야기에서 복을 지음으로써 나타나는 인과가 가장 높고 큰 것임을 말씀하시고 계신다.

그런가 하면 『잡보장경(雜寶藏經)』이라는 경전에서는 복을 많이 지어서 그 결과로 좋은 과보를 받는 이야기가 나온다.

옛날에 바사닉왕이 있었다. 그는 어느 날 낮잠을 자고 있다가 두 내관이 서로 도리를 다투는 말을 들었다. 첫째 내관이 자기는 왕을 의지해 살아가고 있다고 말했다. 이렇게 말하자, 둘째 내관은 자기는 의지하는 데가 없으며 자기 업(業)의 힘으로 살아간다고 하였다. 왕은 이 말을 듣고 왕을 의지해 살아간다는 자에게 정이 갔다. 그래서 그 부인에게 사람을 보내어, 내가 지금 한 사람을 보낼 것이니 그에게 재물과 의복과 영락을 두둑이 주라고 지시했다. 그리고 왕을 의지해 살아간다는 자를 불러 자기가 먹다 남은 술을 주어 부인에게 보냈다.

그가 왕에게서 술을 받아 가지고 문을 나서자 코에서 피가 흘러 앞으로 나아갈 수 없었다. 마침 제 업으로 살아간다는 이를 만나 곧 그 술을 주어 부인에게 가져가게 하였다. 부인은 그를 보자 왕의 말을 생각하고, 재물과 의복과 영락을 그에게 주었다.

　나중에 그 사실을 알게 된 왕은 탄식하며 말하였다.

　"나는 이제야 부처님이 '제가 그 업을 지어 제가 그 갚음을 받는다. 이 것은 어쩔 수 없는 이치다' 라고 하신 말씀이 진실임을 알았다."(『잡보장 경』 2권, 「두 내관(內官)이 도리를 다툰 인연」, 한글대장경)

　복이라는 것은 우리가 지은 업(業)의 행위 중에 좋은 쪽을 말한다. 반대 로 나쁜 쪽은 불행과 고통의 과보라고 할 수가 있다. 왕이 일부러 다른 사 람에게 상을 주려고 일을 꾸몄는데도 결국에는 그 상이 복 많은 사람에게 가버리고 만다는 이야기다. 즉, 지은 복은 어떤 일이 있어도 다 나에게 돌 아와서 도움을 준다는 얘기다.

　복을 짓는다는 것은 남들에게 베풀고 봉사하는 것이라고 할 수 있다. 내 가 가진 물건들을 이웃들에게 나누어주고, 내가 가진 마음과 정을 이웃들 에게 나누어주고, 내가 가진 지식과 기술을 가르쳐주는 것이다. 그런데 그 렇게 나누어주면서 따뜻한 마음이 들어가야 진정한 복이 되는 것이다. 그 것이 형식이 되거나 나를 알리기 위함이라면 이것은 복을 짓는 것이 아니 다. 불교에서는 그것을 보시(布施)라고 한다. 우리는 흔히 돈이 없어서 베 풀지 못하고 나중에 부자가 되면 많이 할 것이라고 말한다. 그러나 바로 지 금이 중요하다. 지금 하지 않는 사람은 나중에 부자가 되어도 하지 않는다.

일체 모든 상을 떠난 이가 부처다

나는 얼마 전 걸망이라도 풀 곳이 필요해서

매달 2만원의 월세를 내고 시골에 나무 때는 토굴을 하나 구했다. 한동안 그곳에서 살다가 요즘은 소임을 보는 관계로 큰절에 와 있어 자주 가지를 못했다. 그 대신 시간이 날 때는 가끔씩 들러 마당의 풀을 뽑기도 하며, 나무를 땐 뜨끈뜨끈한 방에서 하룻밤을 보내기도 하였다.

그러다가 며칠 전에 다시 토굴을 방문했다. 때마침 우체부가 등기우편을 가지고 왔다. 전입신고만 해놓고 사람이 살고 있지 않으니 면사무소에 와서 해명하지 않으면 당장 주민등록증을 말소하겠다는 최고장이었다. 그래서 바로 면사무소에 달려가 부득이하게 당분간 외지에서 살게 됐고, 금방 살던 곳으로 돌아올 것이라고 해명했다. 그러자 면사무소 직원은 아마도 마을 이장이 이 일을 추진한 것 같다며 아무래도 마을 이장하고 통

화를 해야 다시 그런 일이 벌어지지 않을 것 같다고 하였다. 그 말은 마을에 이사 와서 선물을 사들고 이장에게 인사를 하지 않았으니 괘씸죄에 걸렸다는 말로 들렸다. 사실 처음 이 마을에 이사 와서 마을 이장을 만나려고 하였지만, 십리가 넘게 떨어져 살아 그동안 만나지를 못했다.

나는 마을 이장의 행동이 서운하기도 하고 이제라도 인사도 할 겸 해서 전화를 했다. 어디어디에 사는 누구라고 내 소개를 하자, 그 사람은 태도가 돌변해서 처음 보는 사람에게 반말을 하기 시작했다. 그리고 이 동네에 이사를 오면 이장을 찾아보고 인사를 하는 것이 기본 아니냐고, 오히려 나를 꾸짖었다. 정말 황당했다. 내가 그런 허름한 곳에 와서 월세를 살고 있으니까 하찮고 우습게 보였던 모양이다. 그 사람은 이장이라는 직책을 무슨 벼슬하는 것으로 착각하고 있었다.

요즘은 나라의 대통령이라도 잘못하면 비판을 받고 탄핵을 당하는 시대다. 공직자라는 것이 남들 위에 군림하는 것이 아닌 남에게 베풀고 봉사하는 사람들이라는 생각을 버려서는 안 되는 것이다. 그런데도 마을 이장은 자기가 마을의 벼슬을 하고 있다는 아상(我相)에 푹 빠져 있는 것이다.

많은 사람들이 마을의 이장처럼 그런 상(相)에 집착해서 살고 있다. 나는 성직자니 신도들에게 추앙을 받으며 살아야 한다는 생각, 나는 절에 시주를 많이 했으니 당연히 특별대우를 받아야한다는 생각, 나는 공직자니 사람들 위에 군림해야 한다는 생각, 나는 아내이니 당연히 집안에서만 살림을 해야 한다는 생각, 나는 집안의 가장이자 남편이니 가족들 위에 군림하며 살아야 한다는 생각, 나는 자식이니 당연히 부모에게 학비를 받고 어느 정도의 재산은 물려받아야 한다는 생각 등 우리는 자기 생각의 늪에 빠져서 살고 있다.

무비 스님은 『금강경 강의』에서 네 가지 상에 대해서 이렇게 말했다. 아상(我相)은 나라는 자만의식, 인상(人相)은 나 이외의 남이라고 생각하는 차별의식, 중생상(衆生相)은 우리는 못난 중생이라는 열등의식, 수자상(壽者相)은 나이에 집착하는 한계의식이라 했다. 어느 것에 너무 집착하고 매달리면 그것이 다 상이 되고 병이 되는 것이다.

상이라는 것은 다른 말로 하면 내 머리 속에 있는 고정관념이며 선입견이다. 무엇 무엇은 어떠해야 하고 어떤 때는 어떻게 대처해야 한다는 내 나름의 생각이다. 그러나 이 생각이 사회적 기준이나 관습에 합당한 것이 아닌 검증이 안 된 내 나름의 것이라는 것이어서 문제가 된다. 밥을 먹을 때는 쩝쩝 소리를 내며 먹어야 맛있다, 음식은 무조건 뜨겁고 맵고 자극적이어야 한다, 음식점에서 밥을 먹고 나서 남이 나를 어떻게 생각하든지 말든지 코를 한번 확 풀어야 속이 후련하다, 밥을 먹고 나서는 꼭 음식 값을 흥정해서 깎아야 한다는 생각은 사회적으로 검증이 안 된 문제가 있는 자기 개인의 생각이다. 이런 검증이 안 된 생각은 다른 사람들과 만나면 부딪쳐서 갈등이나 다툼으로 나타나기도 한다. 마음속에 상(相)이 없어

텅 비어 있으면 그것이 부처이고, 마을의 이장처럼 사람들 위에서 군림하며 사람들을 못살게 굴고 함부로 횡포를 하는 아상이 가득 찬 사람이면 중생인 것이다.

『금강경』을 보면 도처에 상을 버리라는 내용이 많이 나온다. '무릇 형상이 있는 것은 모두가 다 허망하니, 만약 모든 형상을 형상이 아닌 것으로 보면 곧 여래를 보리라(凡所有相 皆是虛妄 若見諸相非相 卽見如來)' 하는 글도 다 상을 버리라는 내용이고, '응당 머문바 없이 그 마음을 내라(應無所住 而生其心)' 하는 글도 상을 버리라는 내용이다. 그리하여 '일체 모든 상을 떠난 것을 이름 하여 부처님(離一切諸相 卽名諸佛)' 이라 한다. 다시 한 발 더 나아가 '지나간 마음도 얻을 수가 없으며 현재의 마음도 얻을 수 없으며 미래의 마음도 얻을 수 없는데(過去心不可得 現在心不可得 未來心不可得)', 왜 그리 너는 상에 집착하느냐고 꾸짖는다.

우리는 나이를 먹어갈수록 삶속에 인생의 경륜과 멋이 스며들어야 한다. 그러나 어떤 사람들은 마음속에 놀부의 혹 같은 상만 가득 들어있어서, 세상을 삐뚤어지게 보기 좋아하고 남이 잘 되는 것을 보지 못한다. 마을의 이장도 아마 그런 부류에 속할 것이다.

나는 흐르는 강물을 참 좋아한다. 강물은 한곳에 정체하지 않고 끊임없이 흘러간다. 그래서 그 물은 썩지 않는다.

저 흐르는 강물에 자기의 습관이나 고정관념, 선입견들을 모두 던져버

리자. 흘러가는 강물처럼 양변에 치우치지 않고 사는 삶이 진정 바른 삶
이다. 상을 버려야만 우리는 고정된 틀에서 벗어나 진정한 대자유인이 될
수 있는 것이다.우리는 지금 전생이나 지난 날 지은 복으로 살고 있는 것
이다. 그래서 부처님처럼 항상 복 짓는 일을 게을리 해서는 안 된다. 현재
삶을 살아가면서 불평만 하지 말고 지금부터라도 복을 많이 지어야 할 것
이다.

스님들의 탁발

얼마 전이다.

한 신도로부터 '탁발을 하러 다니는 스님들은 진짜 스님들인가'라는 질문을 받았다. 몇몇 승복을 입은 사람들이 이집 저집 다니면서 목탁을 치고 구걸을 한다는 것이다. 그런데 몇몇 사람들은 승려로서의 품위가 떨어지게 복장과 품행이 불량해서 술에 취해서 다니는 사람도 있다고 하였다. 참 애매한 질문이었다.

탁발(托鉢)은 마을의 일반 가정집을 방문하여 약간의 음식이나 물품을 동냥하는 것을 말한다. 이런 탁발의 전통은 석가모니부처님 이전부터 내려져오던 인도의 전통이며, 인도에서 출가수행자들은 누구나 탁발을 해야 했다. 부처님을 비롯한 그의 제자들도 모두 탁발을 하였다. 그러나 이것은 일반 걸인들의 구걸행위와는 엄연히 구별된다. 탁발을 하는 이유는 수행을 하는데 최소한의 물품이나 음식을 얻어서 목숨을 보존하는데 목적이 있었던 것이다.

탁발에도 엄격한 규칙이 있었다.

첫째, 탁발은 오전 정해진 시간에 하루에 한 번 할 수 있었다. 오전에 탁발을 못한 수행자는 그날 하는 수 없이 굶어야 했다. 부처님께서는 토굴이나 절에서 조리를 해서 먹을 수가 없도록 했던 것이다.

둘째, 수행자들은 가난한 집이든 부잣집이든 가리지 않고 하루에 일곱 집씩 방문하여 탁발을 했다. 부처님 당시에는 탁발이 보편화 되다보니까 문제가 발생하기도 하였다. 어떤 집은 부자로 살아 진귀하고 맛있는 음식이 많이 나오는 집이 있는가 하면, 어떤 집은 가난하게 살아 늘 보잘 것 없는 음식이 나왔다. 그러다 보니 생각 없는 몇몇 수행자들은 모두 그 집으로만 탁발을 하려고 몰려들었다. 그래서 그 집에서는 많이 모여드는 수행자들로 인해서 불편해졌고, 한편으로는 가난한 사람들이 복을 지을 수 있는 좋은 기회를 주지 않았다. 그래서 부처님께서는 잘 사는 집 못사는 집을 가라지 않고 탁발하라고 교시를 내렸다. 만약 일곱 집을 돌았어도 음식을 얻지 못했다면 그날은 굶어야 했다.

셋째, 먹다 남은 음식을 보관해서는 안 되었다. 그날 맛있는 음식을 많이 받아왔다고 해서 보관했다가 오후에 먹는다거나 밤에 먹게 도면 대중규칙에 위배되었다. 그래서 탁발을 할 때는 꼭 먹을 만큼만 탁발을 해야 했다.

넷째, 부처님 당시의 수행자들은 탁발을 할 때 신도들이 내놓는 음식을 주는 대로 먹어야 했다. 특별히 가려서 먹을 처지가 못 되었던 것이다. 부처님 당시에는 육식도 했던 보양이다. 지금도 남방불교는 그 전통이 지금까지 이어지고 있다. 실제로 초기경전인 『숫타니파타』를 보면, '산 것을 죽이고 훔치고 거짓말하고 사기를 치며 불륜을 저지르는 것이 비린 것이지 육식을 하는 것이 비린 것은 아니다'고 나와 있다. 먹는 음식을 가지고 수행의 경계나 차원을 따지는 것은 맞지 않다는 것이다.

우리나라 스님들도 요 근래까지 탁발을 해서 먹고 살았으나, 요즘에는 조계종에서 탁발을 전면 금지시키고 있다. 이제는 시대가 바뀌어서 성직자들이 밥그릇을 들고 남의 집 문 앞을 기웃거리는 것은 위의에 맞지 않다는 의견이 분분했기 때문이다. 또한 스님들이 탁발을 하고 다니자 승려가 아닌 행려자나 거지들까지도 가짜 승복을 맞춰 입고 다니면서 탁발 행세를 해서 승단의 위상이 추락했던 것이다.

그러나 탁발은 그 자체가 수행이다.

첫째는 탁발을 함으로서 하심(下心)을 기를 수가 있다. 이집 저집을 다니다보면 이교도도 만나 쫓겨날 수 있고 욕을 얻어먹을 수도 있다. 이것을 참고 견뎌냄으로서 인욕(忍辱)할 수 있는 힘을 기르는 것이다.

둘째는 매일같이 탁발을 함으로서 재물을 저장하지 않고 무소유를 실천할 수가 있는 것이다. 그 당시 탁발을 하는 스님들은 물건을 소유할 수가 없었다. 오직 탁발해서 먹고 살았던 것이다. 우리들은 너무 많은 것들을 저장하고 모은다. 죽기 살기로 돈을 모으고 더 많은 땅을 모은다. 그러나 몇 십 년도 못살고 죽어버리면 그것으로 끝이다. 스님들은 이미 재물의 덧없음을 간파하고 무소유를 실천했던 것이다.

부처님 당시에는 복을 짓는 문화가 만연했다. 인도에서는 수행자들에게 음식이나 물품을 보시함으로써 자기 자신이 복을 받는다는 생각이 강했던 모양이다. 그래서 인도사람들은 구걸을 하면서도 그 구걸을 당당하게 생각한다고 한다. 그 이유를 보면 지금 복을 지을 수 있는 여건을 만들어주니 서로 좋고, 전생에 지었던 복을 지금 찾아먹고 있으니 당당하다는 것이다.

그러나 복을 짓는 것도 가난한 사람들은 그 기회조차 얻지 못했던 모양이다. 『경률이상(經律異相)』권13에는 이런 내용의 일화가 전한다.

부처님의 제자 가섭이 마을에 들어가 탁발을 할 때이다. 거리를 걷다보니 한 노파가 너무 가난하여 분뇨 처리장 옆에 굴을 파고 그 안에 살고 있었다. 더구나 노파는 몸이 쇠약한데다 병까지 들어 대부분 방 안에만 누워있었다. 그러다 보니 옷이나 밥을 제대로 얻을 수가 없었다. 한 때 어느 부잣집 하인이 길에다 쌀뜨물을 버렸다. 오래 보관해서 썩은 냄새가 진동했지만 그 노파는 그 쌀뜨물을 얻어 항아리에 담았다. 가섭이 그 모습을 보니 안타깝고 처연해 보였다. 가섭은 그 노파에게 복을 지어주기로 하였다. 그래서 그 노파에게 다가가 그 썩은 쌀뜨물을 조금 나눠줄 수 있느냐고 물었다. 노파는 썩은 냄새가 심하여 먹을 수가 없다고 하였다. 그러자 가섭은 얼굴에 가득 미소를 띠며 수행자는 무엇이든 달게 받아먹는다고 하였다. 그러자 노파는 기뻐하면서 쌀뜨물을 조금 담아주었다. 그러자 가섭은 기쁜 마음으로 받아 달게 마셨다. 그러자 노파는 오늘에야 비로소 남에게 공덕을 베풀 수 있었다며 고마워했다. 그렇게 말한 다음 그녀는 조용히 목숨을 거두었다.

현재는 탁발이 금지되어 있지만 아직도 가끔씩 승복을 입고 탁발을 하는 사람들이 있다. 대부분은 승려가 아닌 무늬만 승려라고 봐야 한다. 몰래 승복을 맞춰 입고 혼자 삭발을 하고 승려 행세를 하는 사람들이다. 먹고 살기 위해서 하는 것이다. 하지만 그 중에도 아주 가끔씩 바른 법을 펼치는 승려가 있을 수 있다. 부처님 당시의 그 모습으로 돌아가고 싶어서 자기 스스로 하심을 배우고 고행을 하며 두타행을 실천하는 스님들이 가끔은 있는 것이다. 그러므로 신자들은 비록 허름하고 남루한 옷을 입은 승복을 입은 사람들이 오더라도 상(相)을 내어서는 안 된다. 단돈 천원이라도 싫은 내색을 하지 말고 보시하면 나중에는 그 복이 다 자기에게 돌아올 것이다.

소욕지족

　　나는 한때 공림사에서 탄성 노스님 시자를
한 적이 있었다. 그런데 스님 방 옆에는 항상 못 쓰는 폐지들과 끈들이 벽
에 주렁주렁 매달려 있었다. 그 종이들은 누렇게 바랜 종이들이었는데,
신문지도 있고 선물 박스를 분해한 종이도 있고 물건을 묶을 때 쓴 끈들
도 가지런히 묶여있었다. 나는 그것들이 쓰레기들이어서 노스님 방 분위
기하고는 맞지 않는다고 생각했다. 그때 나의 생각으로는 노스님의 의중
을 알 수가 없었다. 어느 날 스님이 출타하신 사이 나는 벽에 매달려 있던
종이들을 다 가져다가 불태워버렸다. 며칠 후 종이 뭉치들이 사라진 것을
안 노스님은 화를 내며 호통을 쳤다. 알고 보니 그 종이들은 스님이 수 년
동안 모아온 것이었다. 그 이후로 스님은 다시 폐지들을 모으기 시작하셨
다. 그러던 어느 날 새로 생긴 선물 포장 박스를 뜯어 정리하면서 종이의

재활용에 대해서 말씀하셨다. 신문지는 여름에 옷 사이나 신발 사이에 넣어두면 습기를 빨아들여 좋고 붓글씨 연습을 할 때도 유용하게 쓰며, 선물 박스용 종이들은 무엇을 만들거나 할 때 틀로 만들 수 있고 필요에 따라 다시 조립해서 쓸 수도 있다고 하셨다. 그런 다음에 정말 쓸 곳이 없으면 그때 모아서 장작불을 붙이는 불쏘시개로 쓰던지 종이를 만드는 재활용 업자에게 넘길 수 있다고 하셨다. 수행자가 사치하고 낭비하는 것은 있을 수 없는 일이며, 물건을 함부로 쓰고 버리는 것은 그 물건에 대한 예의가 아니라고 하셨다. 스님은 늘 모든 사람들을 대할 때 공손하셨지만 그런 무정물에 대해서도 함부로 대해서는 안 된다고 하셨다. 나는 그때까지 스님의 깊은 뜻을 모르고 있었던 것이다.

요즘은 사회가 발전할수록 물질이 넘쳐나고 쓰레기가 넘쳐난다. 국가에서는 의식적으로 나라의 발전을 위해서 공업을 장려하고 물건 만드는 것을 활성화시킨다. 그래서 물건들은 창고에 가득 쌓이고 넘쳐난다. 팔리지 못한 것들은 재고 처리되고 쓰레기장에 가서 폐기처분한다.

사람들은 꼭 필요한 물건이 아니더라도 구입하는 습성이 있다. 충동적으로 구입하고 싸다고 몇 개 더 구입하고 화가 나고 스트레스 받는다고 구입하고 명품이라고 구입한다. 요즘은 여름에 티셔츠를 구입해서 가을에 버리는 사람들이 많다고 한다. 일회용 옷이 범람하고 패션이 바뀌어서 다음 해에는 입을 수가 없다는 것이다.

이와 같이 인간들의 욕구 충족을 위해서 수많은 공장들을 짓고 물건을 만들어내는 바람에 지구 온난화 현상이 더욱 가속화되고 있는 실정이다. 지금 지구는 병들어 있다. 그래서 한창 산업화가 진행 중인 중국은 거대한 공장이고 황하강이나 양자강은 하수구며 서해는 죽은 바다라는 말까지 나오고 있는 실정이다. 우리는 지금 좀 괜찮게 산다고 아끼고 절약하는 지난 날의 삶을 잊어버렸다.

카우샴비국의 왕비 사마바티가 부처님의 제자 아난에게 오백 벌의 옷을 공양하겠다고 하자 흔쾌히 받아들였다. 왕이 이 말을 듣고, 아난이 혹시 욕심이 있는 것이 아닌가 의심하였다. 그래서 왕은 아난에게 물었다.

"존자는 오백 벌이나 되는 옷을 한꺼번에 받아서 어디다 쓰려고 합니까?"

아난이 대답했다.

"스님들이 떨어진 옷을 입고 있으므로 그들에게 나누어주려고 합니다."

"스님들은 법복이 낡으면 그냥 버리시는가요?"

아난이 대답했다.

"아닙니다. 낡은 옷은 기워서 누더기를 만들고 그 누더기를 겉옷으로 입습니다."

"그 누더기가 낡았을 때는 이제 버리겠네요."

그러자 아난이 다시 말을 했다.

"누더기가 낡으면 그것을 기워서 법복 속에 입고, 그것이 낡으면 기워서 요를 만들고, 다시 기워서 깔개를 합니다. 다시 깔개가 낡으면 그것을 잘라 발수건을 만듭니다."

"그 발수건이 떨어지면 이제는 정말 버려야 하겠군요."

"아닙니다. 걸레를 잘 썰어서 진흙과 섞어 집을 지을 때 벽을 만듭니다."(『본생경(本生經)』)

부처님 당시의 부처님과 제자들의 근검절약 정신이 눈에 보이는 것 같다.

사실 스님들의 사치는 수행에 전혀 도움이 되지 않으며 큰 독이 될 뿐이다. 수행자가 좋은 외제차를 몰고 다니거나 지나치게 비싼 옷을 입고 다니면서 그것을 자랑하는 것은 부끄러운 일이다. 나도 본의 아니게 소임을 보느라고 꽤 비싼 차를 몰고 다니고 좋은 음식점을 들락거릴 때도 있다. 그때는 정말 신도들에게나 부처님께 송구스럽고 죄송할 뿐이다.

신도들도 마찬가지다. 가진 재산이 많다고 해서 흥청망청 쓰고 다니고 돈 자랑을 하며 다니는 것은 보기에 좋지 않다. 진정으로 돈을 쓸 줄 아는 사람들은 그렇게 자신을 위해서 많은 돈을 쓰지 않는다. 평상시에 먹는 음식도 일반 사람들과 다를 것이 없고 옷도 평범하지만, 돈을 모았다가 이웃을 위해서 쓴다는 것이 다르다.

미국의 사업가 워런 버핏(Warren Buffet)은 세계에서 최고 브자 그룹에 속하는 거부이다. 그러나 그는 부자가 되기 전에 지은 50년이 된 집에서 그대로 살며, 7년 된 중고차를 몰고 다니며, 20달러 스테이크를 먹고, 12달러 이발소에 가서 이발을 한다고 한다. 하지만 얼마 전에 근검절약해서 모은 자기 재산의 85%인 374억 달러를 기부하기로 했다.

현대그룹을 창업한 정주영 회장은 당시 우리나라에서 제일가는 부자 중의 하나였다. 그러나 그는 근검절약을 몸소 실천했다. 그는 재벌이었지만 옷이 떨어지면 몇 번이고 꿰매서 입었으며, 구두가 닳는 것을 막으려고 구두 밑에 징을 박아서 신고 다녔다고 한다. 그래서 계속 굽을 갈아가며 세 켤레의 신발로 30년을 신었다고 한다. 그가 쓴 가구들은 20년이 넘는 가구들이었고 TV도 17인치의 작은 소형이었다고 한다. 우리나라 최고의 재벌 치고는 소박한 삶이었다.

노스님의 말씀처럼 우리 곁에 있는 옷이나 신발, 가구 같은 물건들을 함부로 버리고 대해서는 안 된다. 일단 태어난 이상 기쁘게 잘 쓰고 끝까지 알뜰하게 잘 이용해줘야 한다. 경제가 더디게 발전하더라도 우리는 절제하고 절약할 줄 알아야 한다. 지금 지구는 인간들이 만든 쓰레기로 넘쳐난다. 다 자기들이 쓰고도 그 쓰레기가 싫다고 자기 지역에는 쓰레기장 건설을 극구 반대하는 아이러니한 시대이다. 작은 것에 만족할 즐 아는 소욕지족(少欲知足)의 삶이 더욱 요구되는 사회이다.

칭찬과 비판

요즘 뉴스를 보면 사람들은 먼저 인상부터 쓴다. 기자들은 나와서 온통 남을 비판하고 욕하고 비리를 캐는 데만 열을 올린다. 그래서 뉴스를 다 보고 나면 오히려 기분이 언짢아지고 불쾌해진다. 어떤 사람들은 쓰레기 같은 기사들이라며 아예 채널을 돌려버린다. 남을 비판하는 뉴스를 보고 남들 욕을 하느니 아예 코미디나 오락 프로를 보고 웃기라도 하는 것이 훨씬 심신의 건강에 좋다는 것이다. 그러니 그런 비판 기사를 쓰고 방송하는 기자들은 얼마나 스트레스를 받고 심신이 나빠질까 생각하면 그들이 불쌍해진다.

이제는 뉴스도 기본 생각을 바꿔야 한다. 이제는 비판만 하지 말고 칭찬하는 란을 만들어서 하루에 한두 번씩은 칭찬을 하는 뉴스가 되어야 한다. 전 국민이 보는 프로에서 아직 검증도 안 된 이야기를 먼저 폭로하려고 안간힘을 쓰고 비리나 나쁜 점만 부각하고 있으니 사람들끼리 서로 불신하고 믿지 못하는 것이다.

미국의 대통령 링컨은 '한 통의 쓸개즙보다 한 방울의 꿀이 더 많은 파리를 잡을 수 있다(『카네기인간관계론』)' 는 말을 했다. 수십 수백 번의 비판 보다는 단 한 번의 칭찬이 중요하다는 말이다.

내가 어떤 절에 머물고 있을 때 절의 차를 가지고 운전을 한 적이 있었다. 마을 밑에 내려가서 물건을 사가지고 오는 심부름이었다. 그 곳은 무척 가파르고 험한 길이었는데 당시는 겨울이라 길에 눈까지 쌓였다. 산길을 내려올 때는 체인을 달고 어떻게 천천히 내려올 수 있었지만 올라갈 때는 체인 채우는 것을 깜빡 잊어버렸다. 산길을 오르다가 얼음길에서 미끄러져 바퀴가 낭떠러지에 아슬아슬 걸렸다. 밑으로 굴러 떨어지지 않는 것이 천만다행이었다. 더 이상 차를 움직일 수가 없어서 렉카차를 불러 어찌어찌해서 차를 빼냈다. 나는 사고를 당하고 나서 너무 놀란 나머지 손이 떨려서 운전을 하기가 힘든 상황이었다. 더구나 길이 좁고 가팔라서 체인을 채울 수 있는 상황도 아니었다. 그때 옆에 같이 탔던 한 스님이 '스님은 베스트 드라이버이며 마지막까지 운전을 잘 할 수 있을 것이니 끝까지 운전을 하라' 고 격려를 해주었다. 나는 많이 떨렸지만 그 말에 힘을 얻고 다시 운전대를 잡았다. 산 위로 올라갈수록 눈은 더 많이 나타났고 바퀴가 눈의 저항을 받으면서 이리저리 밀렸다. 아슬아슬한 상황이 많이 이어졌지만 나는 운전을 무사히 마칠 수가 있었다. 만약 다른 스님들이 운전을 잘못한다고 핀잔을 주거나 비판했다면 나는 마지막까지 운전을 하지 못했을 것이다. 나를 격려해주고 힘을 준 그 스님의 힘이 컸다. 지금도 생각을 하면 격려를 해준 그 스님이 정말 고맙다.

이제는 비판의 사례이다.

한번은 내가 아는 절에 방문하기 위하여 버스에서 내려 산길로 향했다. 산길이 가팔라서 걸망을 메고 힘들게 산길을 오르고 있는데, 산 위에서 매우 시끄러운 소리가 들려왔다. 절은 얼마 남지 않은 거리였다. 좀 더 올라가니 네 명의 남녀 등산객들이 소리를 지르고 장난을 치며 크게 노래를 부르고 있었다. 전문적으로 음악을 공부했는지 다른 남자들보다 성량이 서너 배는 커서 온 산이 떠나갈 듯 시끄러웠고 듣기에도 거북스러웠다. 나는 절 주위에서는 떠들지 말아야한다는 고정관념이 먼저 앞서서 그들의 무절제한 행동을 제지하고 주의를 줬다. 절 주위에서는 조용히 하고 근엄해야 한다는 충고였다. 그러나 그들은 나의 충고를 그대로 받아들이기는커녕 오히려 화를 내며 몹시 불쾌하게 생각했다. 나는 그 순간 아차 하는 생각이 들었다. 그들에게 잘못한 점을 바로 비판하기보다는 우회적으로 말했으면 좋았을 것이라는 생각을 했다. 먼저 말을 걸어 노래를 잘한다고 칭찬하고 대화를 나눈 후에 맨 마지막에 바른 방향으로 유도했으면 더 좋았을 것이다. 그들은 모처럼 기분을 내기 위해서 등산을 왔다가 나에게 안 좋은 소리만 들었고, 나는 그들에게 비판을 했다가 본전도 못 차리고 이미지만 더 나빠지는 꼴이 되고 말았다.

위의 두 일화에서 보면, 칭찬을 함으로써 어려운 일을 잘 마친 반면, 다른 사람을 비판했다가 시정은 커녕 그 사람들의 기분을 상하게 하여 오히려 반발만 샀다. 칭찬과 비판은 같은 두 자리의 글씨지만 이렇게 다른 결과를 초래한 것이다.

특히, 한참 커가는 학생들에게는 칭찬은 더욱 필요하다. 아두리 작은 것이라도 칭찬을 자주하게 되면 그 효과가 바로 나타난다. 비톤 지금은 시험 점수가 형편없지만 다음 달에 점수가 올랐으면 그것도 칭찬거리가 된다. 칭찬을 받은 아이는 더 열심히 해서 더 점수가 올라갈 것이다. 올바른 행동이나 정의로운 행동을 했을 때 칭찬을 해주면 자연히 그것이 자신에게 좋다는 것이 학습된다. 즉, 칭찬 하나만으로 가정교육이 다 이루어지는 것이다. 아무리 좋은 일을 했어도 주위 사람들의 반응이 무관심하다면 아마 그 학생은 다시 그런 좋은 일을 하지 않을 것이다.

우리는 살아가다보면 본인과 뜻이 맞지 않거나 뭔가 잘 맞지 않는 사람들을 만난다. 그러나 그런 사람들이 싫다고 해서 직장이나 그 고향을 떠날 수는 없다. 미운 사람을 만나면 칭찬과 격려가 더욱 힘들어진다. 옆에서 같이 이야기하기도 싫어지기 때문이다. 그러나 아무리 결점이 많고 부족한 사람일지라도 장점은 몇 개 있기 마련이다. 그래서 조용히 앉아서 마음을 가라앉히고 명상에 들어가 그 사람의 장점만을 생각해보자. 그 다음 며칠 동안 그 사람의 장점을 찾아 기록해 보자. 그때는 그 사람의 단점은 모두 잊어버려야 한다. 그렇게 매일 장점을 기록하고 생각하다 보면 다시 그 사람이 좋아질 것이다.

동물이나 식물들도 칭찬을 하고 관심을 가져주면 더 긍정적이고 능동적으로 변한다고 한다. 이제는 먼저 자기 자신을 매일 칭찬하는 연습을 하자. 모든 칭찬은 자기로부터 시작되며 자신이 행복해야 남도 칭찬할 수 있는 것이다. 부부끼리 칭찬하고 자녀를 칭찬하고 이웃을 칭찬하자. 그러면 보다 행복하고 즐거운 인생이 될 것이다.

남을 칭찬하면 할수록 자신의 얼굴은 더 아름다워지고, 남을 비판하면 할수록 자신의 얼굴은 더 험악해질 것이다.

하심하는 법

　　단체생활에서는 자신의 주장도 중요하지만, 그 단체의 화합과 결속을 위해서 성격이 너무 독특하거나 특이한 행동을 하는 사람을 싫어하게 된다. 당연히 무리에서 낙오하게 되고 처지는 계기가 되는 것이다. 이렇게 성격이 모나고 잘난 체 하는 사람을 우리는 하심(下心)이 안됐다고 한다. 하심이란 말 그대로 자신을 낮추고 겸손을 잃지 않는 것으로써 사람이 되는 공부이다. 아무리 학식이나 학벌이 잘났어도 사람이 되지 않으면 그 공부나 배운 것은 아무 쓸모가 없는 것이다.

　　하심하려면 우리는 무엇을 어떻게 실천하며 살아야 하는가.

　　첫째는 모든 사람들과 미물들이 부처님이라는 생각으로 살아야 한다.

　　하심은 수행의 첫걸음이어서 불가에 출가한 행자들은 가장 먼저 하심을 배운다. 남편과 부인을 부처님으로 생각하고, 자식과 이웃을 부처님으로 생각하고, 친구와 직장상사와 부하를 부처님으로 생각하면 모든 분심과 화가 가라앉는다.

『법화경』「상불경보살품」에 보면 상불경보살의 보살행이 나온다. 상불경보살은 석가모니가 과거 인욕행을 닦을 때의 이름으로서 '무시하거나 천시하지 않는 이' 라는 뜻이다. 이 보살은 평생 경전을 독송하는 것보다는 지나가는 모든 사람들을 부처님처럼 받들어 예배하고 절하고 찬송하였다.

우리도 상불경보살처럼 모든 사람들을 부처님처럼 받들고 산다면 세상에 불평이나 불만은 사라지고 선행을 하고 칭찬을 하느라고 하루하루가 바쁠 것이다.

두 번째는 상대방의 입장이 돼서 생각하기이다.

개와 고양이는 만나면 서로 으르렁대고 잘 싸운다. 그 이유는 천적이기보다는 서로 신호가 달라서 싸운다고 한다. 개는 입으로 웃는 법이 없고 꼬리로 웃는다. 기분이 좋으면 꼬리를 흔들고, 기분이 나쁘면 꼬리를 낮추고, 겁이 나면 두 다리 사이로 사려 넣는다. 그런데 고양이는 개와 정반대의 신호를 한다. 기분이 좋을 때는 꼬리를 낮추고, 기분이 나쁠 때나 싸울 때는 꼬리를 치켜세운다. 개가 고양이를 좋아해서 평소의 습관대로 꼬리를 들고 반갑게 맞으면, 고양이는 개가 자기를 싫어하는가 보다 생각하고 싸우게 되는 것이다.

우리는 상대를 이해하려면 그 사람의 입장이 되어서 생각해봐야 한다. 그 사람을 배려하려면 그 사람이 어떤 사람이고 어떤 성향이고 어떤 것을 좋아하고 싫어하는지를 알아야 한다. 고양이와 개가 서로 싸우지 않으려면 서로 상대방의 신호체계를 알아 배려를 해야 한다. 개가 고양이를 정말 이해하려 한다면 고양이의 입장에서 꼬리를 낮추고 다가가야 하는 것이다. 그렇듯이 사람도 상대방의 입장에서 생각하고 배려한다면 그것이 진정한 하심이 되는 것이다.

세 번째는 악한 말로 나를 비방하는 사람도 나에게 교훈을 주는 스승이자 선지식이라는 생각을 해야 한다.

영가 스님의 『증도가』에 보면 '관악언 시공덕 차칙성오선지식(觀惡言 是功德 此則成吾善知識)'이라는 말이 있다. '악한 말을 잘 살펴보면 그것이 공덕이고 또한 나에게 선지식이 된다'는 말이다. 우리는 항상 좋은 평판만 들으려고 귀를 기울인다. 그러나 세상을 살다보면 욕을 얻어먹을 때도 있다. 나에게 욕을 해대는 사람들은 나를 지켜주는 사람들이다. 내가 나쁜 길로 들어서려 할 때 바른 길로 가도록 해주는 스승인 것이다. 만약 내가 바르게 살고 있는데도 본의 아니게 욕을 먹을 때도 있을 것이다. 그럴 때는 내가 보약을 한 첩 더 먹는구나 하고 생각하면 모든 것이 해결된다. 나를 비방하는 사람이 진정 나를 위하는 스승인 것이다.

네 번째는 다른 사람의 단점을 보지 말고 장점을 보려고 노력해야 한다.

다른 사람의 단점만을 찾으려 한다면 이 세상에 완전무결한 사람은 아무도 없다. 한번 다른 사람의 단점을 보기 시작하면 자꾸 보이고 그 사람이 싫어진다. 그러지 말고 이제부터는 다른 사람의 장점을 보려고 노력하자. 그것이 하심이다.

다섯 번째는 하심하려고 노력해야 한다.

근래 덕숭선맥(德崇禪脈)의 큰 봉우리이신 금오(金烏) 스님은 수행자로서 하심을 기르려고 스스로 거지가 된 적이 있었다. 목탁을 치며 탁발을 하는 것만으로는 자기의 아만심이 다 없어지지 않았기 때문이다. 스님이 거지가 되기 위해서는 거지대장 앞에서 세 가지 맹세를 해야만 했다. 밥은 찬밥이든 쉰밥이든 가리지 않고 먹으며, 옷은 닳아지고 찢어져서 속살이 삐져나와도 가리지 않고 입으며, 잠은 밭둑이든 다리 밑이든지 가리지 않고 잔다는 세 가지 조건이었다. 그날부터 스님은 거지들과 함께 구걸하고 함께 먹고 함께 잠자며 그야말로 진짜 거지가 되었다. 거지가 밥을 얻기 위해서는 모든 사람들에게 고개를 숙이며 굽실거려야만 했다. 그야말로 자신을 가장 낮추지 않으면 할 수 없는 일이었다. 스님의 거지 생활은 2년이 지날 무렵 길거리에서 아는 스님을 만나면서 끝이 났다.(『큰스님 큰 가르침』, 윤청광)

이렇게 금오 스님은 스스로 자기의 마음을 낮추고 고치기 위해 2년 동안 힘든 거지 생활까지 했던 것이다.

　어떤 사람은 말하기를, 나는 원래 마음이 급하니까 고칠 수가 없어, 나는 원래 성질이 불같으니까 고칠 수가 없어 하고 포기하는 사람들이 많다. 그러나 이런 사람은 노력도 해보지 않고 말로만 하는 사람들이다. 만약 금오 스님처럼 노력을 해본다면 안 된다는 말은 나오지 않을 것이다.

　하심이란 자신을 무한히 낮추고 상대방을 존경하고 부처님처럼 받드는 것이며, 내가 좀 손해를 보더라도 다른 사람들을 이롭게 해 주어야겠다는 마음을 갖는 것이다. 반대로 생각하면 자신이 가장 존경받을 수 있는 일이기도 하다. 하심은 현대인들이 받들고 지켜야 할 좋은 덕목이다.

기 도

나는 며칠 전 꿈속에서

멧돼지 두 마리에게 쫓기는 꿈을 꾸었다. 일촉즉발의 위기 상황에서 나무를 타고 위로 올라갔다. 그런데 멧돼지는 내가 올라가 있는 나무에 앞발을 딛고 올라와 내 꽁무니를 물려하였다. 나는 간절하게 부처님께 빌었다. 결국 나는 새벽 예불 대종 소리가 잠을 깨우며 살아났다. 아슬아슬하고 선명한 꿈이었다. 나는 아침 예불을 올리면서 꿈속에서 죽지 않고 살아난 것에 대해 부처님께 감사의 기도를 드렸다. 그때만큼은 내 마음이 꿈과 현실을 떠나 간절했던 것이다. 나는 그날 두 번의 기도를 했다. 꿈속에서의 기도는 소원성취 기도였고, 꿈을 깨고 난 기도는 감사의 기도였다.

우리나라의 불교는 선방에서 공부하는 스님들의 수행 불교와 신도들의 기도 불교로 크게 나눌 수가 있다. 수행을 전문으로 하는 스님들은 한 인간으로서의 부처님을 모델로 깨달음을 목표로 공부한다. 그러나 신도들은 세속에서 바쁘게 살아가야 하니까 긴 시간이 요구되는 전문적인 수행에 동참하기가 힘들다. 그래서 성자인 부처님께 소원성취의 기도를 올리는 것이다. 서민들에게는 뭐니 뭐니 해도 먹고 사는 문제인 경저를 살리는 대통령이 최고이듯이, 중생들의 가려운 곳을 긁어주고 소원성취를 이루어주는 분이 진정 부처님으로 통하는 것이다.

기도하는 사람의 자세는 어떠해야 하는가.

첫째는 불보살님에 대한 확실한 믿음이 있어야 한다. 그 믿음이 없이 입으로만 기도를 하면 아무 소용이 없다. 불보살님이 죽으라고 하면 죽고 물에 빠지라고 하면 빠질 수 있을 정도의 믿음이면 세상에 못할 일이 없을 것이다.

둘째는 일심(一心)으로 기도를 해야 한다. 기도를 하다가 오늘 무엇을 사야 할 텐데, 아참 오늘 누구를 만나야 하지, 깜빡 잊고 아들 용돈을 안 챙겨줬네 등등 잡생각을 하게 되면 좋은 기도라고 할 수가 없다. 차라리 일어나서 그 일을 하는 것이 낫다. 우리는 불보살님들과 같은 주파수에 맞춰서 간절하고 간절한 마음으로 기도를 해야 한다.

세 번째는 소원성취를 하든 안하든 늘 감사하는 마음으로 기도를 해야 한다. 소원이 이루어지지 않으면 이곳에 사는 스님의 영험이 없어, 이 절

터가 영험이 없어 하고 생각하면 문제가 생긴다. 뜻하는 바가 이루어지지 않았어도 늘 감사하는 마음으로 회향을 할 줄 알아야 진정한 불자라고 할 수가 있다.

기도에도 여러 가지 방법과 발원이 있다.

첫 번째는 당장 현재의 어려운 상황과 난관을 타개하기 위해서 하는 기도다. 이런 신도들은 자기의 소원이 이루어지지 않으면 스님의 영험이 부족해서 소원이 이루어지지 않는다고 원망한다. 기도가 순조롭게 이루어져 소원성취하면 그 절의 스님은 큰스님으로 떠받들어진다.

두 번째는 참회(懺悔) 기도다. 과거의 잘못을 뉘우치는 것을 참(懺)이라 하고, 미래에 닥쳐올 잘못을 미리 예방하는 것을 회(悔)라고 한다. 나는 전생에 어부였던 것 같다. 출가하기 전에는 물고기 잡는 것을 너무 좋아했다. 출가한 지금도 냇가를 쳐다보면 물고기 잡을 생각을 한다. 그래서 출가하기 전이나 전생에 수없이 잡아 죽였던 물고기를 생각하며 참회기도를 하고 방생을 한 적이 있다. 이것은 몸으로 지은 업을 참회하는 것이다. 그러나 사실 더 큰 죄는 마음으로 미워하고 싫어하는 마음을 내는 것이다. 이런 마음은 하루에도 수도 없이 내 마음을 더럽힌다. 참회는 구정물이 든 항아리에 자꾸 물을 부으면 언젠가는 맑아지듯이 몸과 마음으로 지은 죄를 뉘우치고 버려 내 자신을 텅 비우는 것이다.

세 번째는 어떠한 난관이 닥쳐와도 좋으니 이 세상의 어려움을 헤쳐 나갈 수 있는 힘과 용기를 달라고 기도하는 것이다. 이 정도가 되면 스님과 기도에 대해서 상의하지 않고 혼자 기도한다. 이런 기도를 올리는 사람들은 기도터를 중요시 여기는 경향이 있다. 그래서 일부러 영험하다는 기도터를 찾아가기도 한다. 그리고 기도를 하고 나서 터가 좋으니 터가 맞지 않으니 하는 말을 한다. 우리가 아침저녁으로 하는 예불문에서 '오직 원하오니 다함없는 삼보님이시여! 대자대비로 저희의 예배를 받으시고 가피력을 내려주소서(唯願無盡三寶大慈大悲 受我頂禮 冥熏加被力)' 하는 부분이라고 할 수 있다.

네 번째는 자기 혼자만을 위해서 기도하는 것이 아닌 모든 것들을 위해서 기도를 하는 것이다. 예불문에서 '원컨대 다 함께 법계 모든 중생들 자신도 타인도 일시에 불도를 이루어지이다(願共法界諸衆生 自他一時 成佛道)' 하는 부분이다. 나 혼자만 이익을 보는 것이 아니라 나를 포함한 모든 사람들이 이익을 보고 불도를 이루기를 기원하는 것이다.

다섯 번째는 다가오는 인생에 대해서 회피하지 않고 세상을 이해하고 늘 감사기도를 올리는 것이다. 자신에게 어떠한 고난이 닥쳐와도 다른 사람들에게 미움이나 원망을 갖지 않으며, 자기 자신에게도 원망을 갖지 않는다. 그저 담담하게 받아들이고 유연하게 대처할 뿐이다. 이 정도의 단계가 되면 『반야심경』의 '물질이 곧 공이고 공이 곧 물질이다(色卽是空 空卽是色)' 는 공(空)의 이치를 다 꿰뚫고 있는 사람이다.

기도는 일상기도도 있고 위기에 봉착해서 하는 소원성취 기도도 있지만, 불교 신도들이 나아가야 할 기도의 지향점은 마지막 다섯 번째인 매사에 감사하는 기도이다.

이렇게 기도를 했으면 회향을 할 줄도 알아야 한다. 기도를 해서 사업이 번창하고 부자가 되었으면 불우한 이웃을 위해서 베풀고 쓸 줄도 알아야 한다. 마냥 쥐고만 있으면 욕심이자 집착이다. 같은 이치로 스님들도 산속에서 공부를 할 만큼 했으면 나와서 대중들을 위해 어떤 식으로든 포교를 해야 한다. 산중에서 나와서 열심히 신도를 교화하고 보다 건강한 삶을 위해서 복지를 하고 환경과 인권을 위해서 활동을 해야 한다. 나는 그런 스님들을 보면, 내가 하지 못하는 일을 저분들이 하고 있구나 하는 생각을 하며 한편으로는 존경스럽다.

기도는 우리에게 힘과 용기를 주며 희망을 준다. 그러나 불자들은 거기에서 멈춰서는 안 된다. 우리는 거기에서 더 나아가 기도가 수행으로 이어져야 한다. 그래서 결국에는 불교의 최종목표인 모두가 성불하는 것을 지향점으로 삼아 나아가야 할 것이다.

낙엽은 떨어져서 어디로 갈까

노을 물든 텅 빈 절

무릎 안고 졸다가

소슬한 가을바람 놀라 깨어보니

서리 맞은 단풍잎만 뜰에 가득하구나.(『나를 쳐라』)

사람이 찾지 않는 깊은 산속에서

한 스님이 해바라기를 하며 마루에 앉아 한가하게 졸고 있다. 그런데 한줄기 바람이 깨워 일어나 보니 뜰 앞에는 서리 맞아 떨어진 낙엽이 가득하다는 내용이다. 근래의 큰 도인 경허 스님의 운치 있는 「단풍」이라는 시이다.

근래 날씨가 추워지고 바람이 세차게 불더니 낙엽들이 수북이 떨어졌다. 떨어진 낙엽들은 절 귀퉁이나 움푹 파인 곳에 서로 어깨를 부비고 모여 있다. 그것을 보며 나는 문득 저 낙엽들은 떨어져서 어디로 갈까 하는 궁금증이 생긴다. 그리고 버나드 쇼의 '우물쭈물 살더니 내 이럴 줄 알았지' 라는 묘비명이 생각난다. 나는 지금 죽는다면 후회 없이 죽음을 맞이할 수 있는가. 두려워하지 않고 담담하게 죽음을 받아들일 수 있는가. 언제든지 죽음을 맞이할 정도로 마음으로 준비가 되어 있는가.

그러나 나는 준비해 놓은 것이 하나도 없다. 내일 어디를 다녀오고, 일주일 후에는 누구를 만나고, 한 달 후에는 무엇을 한다는 막연한 생각은 했지만 나는 죽음에 대비해서 준비한 것이 하나도 없다. 그 죽음은 예고가 없기 때문이다.

요즘 나는 짐을 놔두는 토굴이 있는 마을에서 몇 달 간격으로 두 할머니가 돌아가시는 것을 봤다. 교통사고를 당해 늘 할아버지가 할머니를 보살피던 집이었는데 그 집 할머니가 돌아가셨다. 다시 며칠 전에 토굴에 다녀왔는데 내가 없는 동안 옆집 할머니가 돌아가셨다. 오랜 만에 찾은 집이라 아궁이에 불이라도 때고 갈려고 불을 지피고 있는데 옆집에 사는 초등학교 3학년 하정이가 뛰어와서 전해준 소식이다. 그 할머니는 불교신자여서 나는 그동안 단주도 선물하고 토굴에 살 때는 많은 이야기도 나누었다. 지난 봄에 고추를 심을 때는 직접 오셔서 고추를 심는 거리와 이랑의 크기를 감독하기도 하였다. 풍이 와서 다리가 불편하기는 하였지만 그래도 마음은 건강한 분이셨다.

　죽음, 이것은 태어난 사람 누구나 한 번씩은 필히 겪어야 하는 필연의 의식이다. 어떤 사람들은 아예 죽음을 외면하고 무시하기도 하고, 어떤 사람은 다가올 죽음이 어떤 것인가 불안해하며 무서워 떨기도 한다. 그런 가 하면 어떤 사람들은 품위 있는 죽음을 준비하는 사람들도 있다.

　옛날에 네 사람의 형제가 살고 있었다. 그들은 모두 오랫동안 도를 닦아 뛰어난 신통력을 가지고 있었다. 어느 날 그 형제들이 점을 쳐보니 칠일 후에 모두 목숨을 잃을 운명이었다. 깜짝 놀란 형제들은 모두 모여서 그 대책을 논의했다. 그들은 입을 모아 신통력으로 산도 옮길 수 있는데 그까짓 죽음이 뭐 대수냐고 비웃었다. 그리고 각자 그 방법을 강구했다. 한 사람은 죽음을 피해 큰 바다 속으로 피했다. 한 사람은 수미산을 가르고 그 속에 숨었다. 또 한 사람은 넓은 허공 속으로 들어가 숨었다. 그리고 마지막 한 사람은 사람들이 북적이는 시장 한복판에 숨었다. 그러나 칠일이 지나자 네 사람은 모두 죽고 말았다.

　『법구비유경』에 나오는 이야기로 이처럼 죽음은 누구에게나 다가오고 피할 수가 없는 것이다.

　나는 출가해서 많은 죽음을 보고 고인을 위해서 극락왕생을 빌어주기도 하였다. 절에서 행자생활을 할 무렵, 말기 암 환자가 절에서 기도를 하다가 운명해서 그 사람의 굳은 몸을 둘이서 들어냈다. 이미 몸은 딱딱하게 굳어있고 핏기가 가신 얼굴은 창백했는데 무서웠다.

또 한 번은 울릉도에서 아는 한 스님이 운명해서 장례를 치르러 간 적이 있었다. 때마침 그 섬에는 염(殮)하는 사람이 한 명 밖에 없었다. 그런데 하필이면 염하는 사람이 그날따라 감기 몸살이 나서 자기 임무를 수행할 수가 없었다. 그래서 나를 비롯해서 세 스님이 들어가 염을 했다. 한 스님은 목탁을 잡고 기도를 하고 나와 나머지 한 스님은 핸드폰으로 염하는 것을 전화로 지시 받아가며 몸을 닦아주고 새 옷을 입혀 염을 무사히 마친 적이 있다. 그때는 가까이서 죽은 도반의 몸을 만졌는데, 이상하게도 살아있는 것처럼 아무렇지도 않았다. 내가 한 절에서 소임을 살 때는 모르는 사람들이 가끔씩 예고도 없이 화장을 한 유골을 들고 찾아왔다. 대부분 젊은 사람들이 사고로 죽은 유골들이었다. 절위에서 내려다보면 아름다운 금강이 눈앞에 펼쳐지는데, 유족들은 찾아와 강이 보이는 곳에 유골을 뿌려달라고 부탁하였다. 하는 수 없이 그들을 강이 보이는 소나무 숲으로 데리고 가 유골을 뿌리고 기도를 하며 극락왕생을 빌어줬던 기억이 있다. 그러나 이제는 위법이라서 함부로 유골을 뿌리는 것은 안 된다고 한다.

나는 이런 죽음들을 보면서 인생의 무상함을 절실히 느끼곤 하였다.

요즘은 대부분의 사람들이 병원에서 운명한다. 그러다 보니 최신식 의료시설에 의지해서 자신의 의지와는 상관없이 기계의 힘으로 생명을 연장한다. 그러나 내가 죽음에 임박했을 때는 나의 목숨을 기계에 의지해서 연장하고 싶지 않다. 병원에서 있다가 때가 되면 스스로 모든 주사바늘과 호스를 빼고 내 의지대로 죽고 싶다. 내가 죽어야 할 때가 되었다고 내부에서 소식이 오는데, 억지로 살리려고 내 온 몸에 주사바늘을 꽂는다면 내 영혼이 얼마나 고통스러울 것인가.

반면, 죽어가는 마당에 내가 그런 결단력과 힘이 나올까 하는 의문이 생긴다. 인생의 말년을 나약함과 병으로 구차하게 살다가지 않을까 걱정되기도 한다. 그래서 죽음을 앞둔 임종환자에게는 주위에서 불필요하게 죽음의 순간을 연장하지 않고 인생을 잘 마무리 할 수 있도록 도와주며 환자에 맞는 최소한의 통증 조절로 존엄한 죽음을 맞이하도록 도와주는 것이 필요하다.

삶이 의미 있고 귀중한 것은 죽음이 기다리고 있기 때문에 더욱 그러한 것이다. 우리에게 죽음이 없다면 아마 세상은 나태하고 게으르며 타락에 빠졌을 것이다. 이렇게 삶이 유한함을 알기 때문에 우리는 더 열심히 일하고 노력하고 사랑하는 것이다.

죽음을 준비하기 위해서는 노력과 준비가 필요하다. 죽음의 노예가 되지 말고 죽음을 지배할 수 있는 사람이 되어야 한다. 멋지게 폼을 잡으며 떨어지는 저 낙엽들처럼 우리도 열심히 마음을 다스리고 수행하여 향기가 나고 품위 있는 죽음을 준비하자.

재가불자들의 동안거

　　부처님께서 영취산(靈鷲山)에 계실 때이다.
범천왕이 법상을 만들고 나서 금색으로 된 천개의 잎이 달린 연꽃을 부처
님께 바쳤다. 그리고 물러나 모든 중생들을 위해서 가르침을 펴 줄 것을
진실로 간절히 청하였다.

　　이에 부처님께서는 응하고 법상으로 나아가 앉으셨다. 그리고 한동안
침묵이 흘렀다. 주위가 조용해지자 부처님께서는 살며시 연꽃을 들어올
렸다. 그러나 그곳에 참석한 수백 수만의 대중들은 그 뜻을 이해하지 못
하고 웅성거리기도 하고 고개를 갸우뚱거리는 사람도 나타났다.

　　그러나 오직 마하가섭만이 그 뜻을 알고 얼굴에 조용히 미소를 지어 보
였다. 그리고는 자리에서 일어나 합장을 하고 바로 서서 온화한 모습으로
침묵하였다.

　　이에 부처님께서는 말씀하셨다.

"여래에게는 깨달음의 눈과 열반의 미묘한 마음과 모습 없는 참 모습인 묘한 진리가 있다. 이것은 문자로는 드러낼 수 없는 것으로 교 밖에 별도로 전한 것이니, 오늘 이것을 마하가섭에게 전하노라."(『대범천왕문불결의경(大梵天王問佛決疑經)』 대일본속장경 1권, 축약)

위의 내용은 『대범천왕문불결의경』에 나와 있는 부처님과 마하가섭의 일화이다. 여기에서 선(禪)은 시작되고 그 선은 중국으로 퍼져서 찬란한 꽃을 피우는 것이다. 부처님과 제자 마하가섭의 침묵과 침묵의 만남이었지만 그 안에는 문자로 전할 수 없는 많은 진리가 오갔다. 마치 번갯불이 반짝이듯 스파크가 튀기듯 마음이 통한 것이다. 이것이 선(禪)이다.

이제 겨울 동안거가 시작되었다. 전국의 선원의 스님들은 그 말없음의 진리를 찾기 위해 안거에 들어갔다. 화두에 의지하여 하루에 10시간 이상 좌선을 하며 공부에 진력한다. 전 대중이 다 같이 발우 공양을 하고 예불을 보고 울력을 하고 선원 청규에 따라 규칙적인 수행 생활을 하는 것이다.

이렇게 스님들이 겨울 안거에 들어갔는데 우리 재가불자들은 안거 기간 동안 어떻게 행동하고 어떻게 살아야 하는가.

첫째, 우리 재가불자들도 다 같이 수행에 동참해야 한다. 안거는 선방에 있는 스님들만 하는 것은 아니다. 소임을 보는 스님들은 맡은 자리에서 최선을 다하고, 재가불자들은 삼 개월 동안 하나의 기도를 정해서 공부를 해 나가는 것이 다 안거이다.

그럼 불자들은 어떻게 수행해야 하는가. 참선과 염불, 절만이 수행의 전부는 아니다. 나는 화를 잘 내고 잘 싸우니 삼 개월 동안 인욕하고 하심(下心)하는 수행을 하겠다, 나는 지금까지 남들한테 얻어먹고만 살았으니 올 겨울에는 남들을 위해 봉사하고 베푸는 보시의 행으로 수행을 삼겠다, 나는 인간관계가 좋지 못해 늘 부딪치는 일이 많으니 우리 남편과 자녀들과 이웃을 부처님으로 생각하고 받들고 사는 것도 수행이다.

또한, 나는 짜증이 많고 몸이 좋지 않으니 세상을 긍정적으로 보는 공부를 하겠다, 나는 한동안 담배와 술을 너무 많이 해서 내 생활이 엉망이 되었는데 올 겨울에는 그것들을 모두 끊어서 바르고 건전한 불제자로 거듭 나겠다 하는 것도 수행이다.

둘째, 스님들이 한철 수행을 잘 마칠 수 있도록 재가불자들이 많은 도움과 지원이 있어야 한다. 어떤 사람들은 재물을 많이 모으면 죽어서 좋은 곳에 갈 수가 없다고 한다. 그러나 나는 그렇게 생각하지 않는다. 재물이 나쁜 것이 아니라 그 재물을 쓰는 사람의 정신상태가 잘못된 것이다. 바르게 좋은 곳에 쓰면 더 좋은 극락에 갈수가 있다.

부처님 당시에는 상인 신도들이 많았다. 부처님께서는 바른 방법으로 재물을 모으는 것이라면 권장하셨다. 그렇게 모은 재물을 좋은 곳에 쓰면 다 복이 되는 것이기 때문이다. 스님들에게 올리는 대중공양은 부처님께

올리는 공양 못지않게 공덕이 많다. 우리 신도들도 재물을 모으면 자신을 위하여 필요한 곳에 쓰고 어려운 이웃을 위해 쓰고 또한 스님들을 위해서도 대중공양이 필요하다.

셋째, 부처님의 가르침을 잘 배워 불교를 실천하고 외호하는 것이다. 우리 불자들은 절에 와서 배운 만큼 사회나 직장에서 실천해야 한다. 남들을 위해 봉사하고 자비로운 마음을 가지며 모범이 되어야 한다. 그리고 불교를 음해하는 세력이 있으면 당당하게 나서서 대처해야 한다. 그동안 불교는 피해를 당해도 큰형님의 입장으로 묵묵하게 참고만 살아왔다. 그러나 이제는 그렇게 참고만 살아서는 안 된다. 스님들이 나서서 할 수 없는 일을 불자들이 나서서 적극적으로 대처하는 사천왕이 되어 주어야 한다.

사람들은 연말이 되면 거리 여기저기서 눈을 현혹시키는 장식이 번쩍거리고 마음을 들뜨게 만드는 음악이 난무한다. 새해가 되면 또 새해대로 들뜨고 흥청거린다. 한 살을 더 먹는다는 것은 한 해 더 늙어간다는 의미인데 뭐가 그리 즐겁고 좋아서 떠드는가 모르겠다. 연말연시는 먹고 마시고 노는 때가 아니다. 한해를 돌아보고 자신을 반성하는 시간이다.

지금 선방에서는 많은 스님들이 정진하고 있다. 올 겨울 우리 불자들도 부처님의 가르침에 따라 수행하고 기도하고 자기 자신을 돌아보는 시간을 갖도록 하자.

좋은 이웃들

많은 사람들이 요즘 세상은 나쁜 세상이라고 말한다. 두려운 세상이라고 말한다. 그 말에 맞장구라도 치듯이 뉴스를 보면 긍정적이고 희망을 주는 이야기는 없고 늘 방화하고 교통사고와 강도, 강간 이야기만 판을 친다.

하도 매스컴에서 좋지 않은 이야기들만 늘어놓으니 한때는 정말 이 세상이 문제가 있는 것인가, 나쁜 사람들만 사는 곳인가 하고 생각하게 되었다.

그러다가 차를 몰고 강원도에 다녀온 적이 있다. 그때는 장시간 운전해서 피로해진 나는 소양댐이 나타나자 잠시 운전을 멈추고 허리를 폈다. 그리고 피로가 좀 풀렸다 생각하자 차를 다시 몰았다. 그때 바로 뒤에서 빵빵거리고 상향등을 켜며 달려오는 차가 있었다.

나는 순간적으로 생각하기를, 뒤차가 빨리 가든지 아니면 비키라고 하는 것으로 생각했다. 그러자 화가 나기 시작했다. 바쁘면 본인이 비켜 가면 될 것이지 왜 경음기 소리를 내고 상향등을 켜며 나더러 비키든지 빨리 가라고 한단 말인가. 은근히 화가 난 나는 심술이 나서 오히려 속도를 더 낮추고 불규칙적으로 브레이크를 밟았다 뗐다 하며 심술을 부렸다. 그래도 뒤차는 계속 소리를 내며 다가왔다. 내가 길가에 차를 세우자 그 차도 내차 옆에 섰다.

나는 성질이 나서 그 운전사에게 한마디 해야겠다고 벼르며 문을 열었는데, 그 차에는 선해 보이는 두 노부부가 타고 있었다. 트럭을 운전하던 노인은 차 유리문을 내리더니, 내 차에서 고약한 냄새가 나고 연기가 계속 뿜어 나오니 차 점검을 하라고 일러주고 떠났다.

나는 얼른 내 차를 살펴보았다. 멈춰선 차에서는 김이 모락모락 나고 타는 냄새가 진동을 했다. 달릴 때는 그 냄새가 뒤로 빠지니 전혀 몰랐던 것이다. 아까 차를 세웠다가 다시 출발하면서 그만 주차 브레이크를 풀지 않고 달린 것이다. 그렇게 브레이크를 풀지 않고 장시간 달렸으니 브레이크 패드가 마찰이 되면서 냄새가 나고 연기가 났던 것이다. 조금만 더 달렸으면 아마 불이 났을지도 모를 일이다.

그 사실을 알고 난 나는 그 운전사에게 얼마나 미안했는지 모른다. 당장 달려가서 고맙다고 인사를 하고 싶은데 그 사람은 이미 떠나버리고 없었다. 그 사람은 나를 위해서 위험을 알려주려고 신호를 보냈는데, 나는 그 신호를 나쁜 쪽으로 알아듣고 빨리 가라는 신호인줄 알고 화를 냈던 것이다. 참으로 부끄러웠던 일이다.

세상은 이렇게 좋은 사람들도 많이 산다. 그러나 우리는 지금 남에게 사기 당하지 않을까 걱정하고, 남에게 강도를 당하지 않을까 두려워하고, 남에게 배신당하지 않을까 두려워한다. 나 자신 또한 앞뒤 전후도 보지 않고 나를 위하려고 하는 사람에게 화를 내며 그랬던 것이다.

교훈적인 이야기가 하나 있다.

두 사람이 여행을 하다가 한 도시를 지나게 되었다. 두 사람은 도시의 이곳저곳을 다 구경하고 나와서 그 도시에 대해 이야기를 나누었다. 한 사람은 그 도시가 참 아름답고 좋은 곳이라고 말하였다. 그러자 옆에 있던 다른 한 사람이 자기는 웃는 얼굴을 하고 있는 사람을 한 사람도 보지 못했으며 찡그린 사람들만 보았다고 말하였다. 두 사람이 걸어 나오는 뒤편에는 '거울의 도시'라는 그 도시의 이름을 알리는 간판이 걸려있었다.(『행복비타민』, 박성철)

그 도시는 다름 아닌 자신의 마음이 거울에 비쳐서 나타나는 도시였던 것이다. 그래서 매사를 긍정적으로 보는 사람은 좋은 도시로 평가한 반면, 매사를 부정적으로 보는 사람은 나쁘게 평가했던 것이다.

사람은 마음먹기에 따라서 세상이 달라지는 것이다.『화엄경』에서 말하는 일체유심조(一切唯心造)이다. 원효 스님이 생각 없이 해골 물을 먹었을 때는 그렇게 맛있는 꿀물이었지만, 생각을 일으키고 나니 그 물은 해골 물이었던 것이다. 아무리 어렵고 힘든 세상이지만, 내 마음 하나만 바꿔버리면 지옥이 극락이 되어버리는 것이다. 그러니 다른 것 다 필요 없이 내 마음을 잘 다스려야 하는 것이다.

세상의 안 좋은 면인 단점과 잘못과 절망만 보려 한다면 그런 사람의 눈에는 그런 것만 보이기 마련이다. 반면, 세상을 긍정적으로 생각하고 좋은 면만 보려 한다면 아무리 그 자리가 힘들고 어렵더라도 사람들이 웃고 즐겁고 행복만 모습들을 더 많이 볼 것이다.

차 뒤에서 신호를 보내면 순순히 뭔가 문제가 있나보다 생각하고 차를 세웠으면 좋았을 텐데, 나는 그러지 못하고 따라오는 사람을 비방했다. 나 자신도 세상을 부정적으로 보는 면이 강했던 것이다. 그래서 이제는 차 뒤에서 무슨 신호가 오면 버럭 화를 내지 않고 항상 주의 깊게 무슨 이유인가 바라보려고 노력한다.

아주 옛날에도 극악범죄는 있었고, 문제아는 있었다고 한다. 시대가 바뀌어도 그 비율은 좀 늘어났을망정 양지와 음지는 엄연히 존재하는 것이다. 그래서 아무리 말세라고 해도 복을 짓는 사람도 있고 죄를 짓는 사람도 존재하는 것이다.

　세상은 TV 뉴스에 나오듯이 그렇게 나쁜 사람들만 사는 곳은 아니다. 인터넷 댓글에 늘 비방할 내용이 없나하고 찾아다니는 사람이 있는가 하면, 어떤 사람은 늘 칭찬하고 다니는 사람도 있다. 도시의 벽과 전봇대를 온통 도색광고로 도배하고 다니는 사람이 있는가 하면, 본드로 붙어있는 그 종이를 일일이 떼어내고 다니는 사람들도 있다. 범죄단체를 조직해서 세상을 폭력세계로 만들려고 하는 사람이 있는가 하면, 그 범죄조직을 없애고 치안을 유지하는 사람들도 있다. 아직도 세상은 좋은 사람들이 많이 있음을 기억하자.

걸림 없는 마음

소동파가 황주에 있을 때 불인선사는 강 맞은편에 있는 금산사(金山寺) 주지로 있었다. 두 사람은 종종 시문(詩文)을 주고받았는데, 한 번은 소동파가 갑자기 떠오른 영감으로 부처를 칭송하는 게송을 지었다.

백호(白毫)의 광명으로
삼천대천세계(三千大天世界)를 비추는
하늘 중의 하늘에게 고개 숙여 절하노니
팔풍(八風)이 불어도 흔들리지 않고
자금대에 단정히 앉아 있구나.

이 게송을 지은 소동파는 아주 만족스러워서 시동을 시켜 불인 스님에게 보냈다. 게송을 읽은 스님은 소동파가 글자로는 부처님을 찬양하고 있지만 실제로는 자신의 글재주를 자랑하고 있음을 알았다. 그래서 붓을 들어 게송 아래에다 '헛소리, 헛소리' 라고 크게 쓴 뒤에 원래대로 봉하여 시동에게 주었다. 소동파는 집에서 초조하게 기다리고 있다가 답장을 받아 보고 너무 화가 나서 강을 건너가 불인 스님을 만나 따졌다.

"제가 부처님을 찬양한 것도 잘못이란 말입니까?"

불인 스님은 소동파를 흘낏 보고는 붓을 들어 천천히 이렇게 썼다.

"팔풍이 불어도 흔들리지 않더니, 하나의 헛소리에 바로 강을 건너왔네."(『소동파 선(禪)을 말하다』, 축약)

시를 지을 때의 즐겁고 담담하던 소동파의 마음은 불인 스님의 '헛소리' 라는 낚시 미끼에 걸려서 근본을 잊어버리고 강을 건너갔으니 이미 그는 스님의 농간에 놀아난 것이다.

혜능 스님이 스승 홍인 스님으로부터 법을 전수 받은 뒤 그 이름을 감추고 살다 법성사라는 절에 도착했다. 그때 인종법사가 『열반경』을 강론하고 있는 것을 듣게 되었다.

인종법사는 '바람에 세차게 펄럭이는 깃발을 가리키며 대중들에게 움직이는 것은 바람인가 깃발인가' 하고 물었다. 대중들 중에 몇몇은 깃발이 움직인다고 하고 몇몇은 바람이 움직인다고 하며 그들 사이에 논쟁이 일어났다. 그러자 혜능 스님이 나서서 말하기를 '움직이는 것은 깃발도 아니고 바람도 아니며 그대들의 마음이 움직였을 뿐이다' 라고 하였다.

무심히 보았을 때는 깃발이 움직였고, 다시 생각해보니 깃발을 움직인 것은 바람이다. 그러나 본격적으로 깃발과 바람을 생각하니 오히려 그것들은 잠잠해지고 내 마음만 무성하게 움직여 펄럭일 뿐이다. 도를 이룬 혜능 스님 다운 멋진 답변이다.

도대체 마음이란 무엇인가. 무쇠처럼 흔들리지 않던 것이 '헛소리' 라는 세 치 혀의 한 마디에 동하여 흥분하고, 깃발이 흔들리는 것은 바람도 아니요 깃발도 아니요 그 마음이 흔들리는 것이라니 그 마음이란 무엇인가. 무엇이기에 우리를 동하게 만들고 우울하게 만들기도 하는가.

마음이란 참으로 알 수가 없다. 어떤 사람은 세모나고 네모난 각진 마음을 가졌다고도 하고 어떤 사람은 둥글둥글한 마음을 가졌다고도 한다. 어떤 사람은 송곳처럼 뾰족한 마음을 가졌다고도 한다. 마음에도 각이 있어서 누구를 찌를 수도 있고 다치게 할 수도 있는 것이다. 어떤 사람은 결단력 있는 마음을 가졌다고도 하고, 어떤 사람은 우유부단한 마음을 가졌다고 말하기도 한다. 마음도 강한 마음이 있고 약하고 여린 마음도 있다는 말이다. 마음이 우울하다고 하기도 하고, 마음이 기쁘고 즐겁다고도 한다.

이 글을 쓰는 나도 수시로 마음이 변하고 있다. 즐거운 글의 내용을 구상하다가 앞이 꽉 막히면 갑자기 짜증이 나고 그때는 펜을 집어던지고 싶어진다. 그러다가 아이디어가 순간적으로 떠오르면 '그래 이거야' 하고 쾌재를 부른다. 열심히 글을 쓰고 있는데 어디서 전화벨이 울리면 짜증이 난다. 글 쓰는데 그 전화가 방해를 했기 때문이다.

『금강경(金剛經)』에는 마음에 관한 내용이 나온다. '응당히 색에 머물러서 마음을 내지 말며, 또한 소리·냄새·맛·느낌·법에 머물러서 마음을 내지 말며, 응당 머문 바 없이 그 마음을 내라' 고 하고, '지나간 마음도 얻을 수가 없으며 현재의 마음도 얻을 수 없으며 미래의 마음도 얻을 수 없다' 고 한다.

위의 내용을 모두 종합해 보면 몇 가지를 알 수 있다.

첫째, 마음이란 것은 항상 멈춤이 없이 흘러 다닌다는 것이다. 그러니 흐르는 내 마음을 관찰하고 적절히 제어할 필요가 있다. 마음이 옆길로 새려 한다면 바로 잡고 들뜨려 하면 가라 앉히고 너무 내려 앉으면 일으켜 세워서 바른 길을 가게 해야 한다.

둘째는 마음을 내되 어느 한쪽에 치우침이 없이 크게 내라는 것이다. 너무 작은 것에 치우치게 되면 '작은 것에 목숨을 거는 인간' 이라는 말이 나오고, 그렇다고 너무 방만하게 살면 호인이지만 우유부단하고 책임감이 떨어진다는 소리를 듣게 된다. 그러니 그 마음을 내되 물과 바람처럼 어느 한쪽에 걸림이 없이 내야 한다.

셋째는 마음이 흔들리되 그 근본과 중심은 언제나 싱싱하고 바르게 서 있어야 한다. 그 뿌리까지 흔들려서는 안 된다. 거대한 태풍이 몰려오는데 아무리 큰 나무라도 흔들리지 않고 꼿꼿하게 서 있을 나무는 하나도 없다. 오히려 흔들려야 정상이다. 그러나 어떻게 흔들리느냐가 문제다. 어떤 나무들은 바람이 불면 휘지 않으려고 콧대를 세우고 흥분을 하며 맞서다가 뿌리 채 뽑혀서 생을 마감하는 경우가 있다. 반면, 갈대는 바람이 불면 그 방향에 따라서 몸을 맡기고 살랑살랑 움직이지만 결코 그 중심까지는 움직이지 않는다. 바람이 가면 본래대로 돌아와 다시 잠잠해진다.

마음이란 것은 쉽지 않은 문제이다. 미꾸라지 같이 잘 빠져나가고 토끼처럼 요리조리 잘 뛰어다니고 여름날의 천둥 번개처럼 변덕이 심하다. 그러나 수행과 지혜로써 헤쳐 나가 끝내는 올라서야 할 큰 산이다. 부처님의 가르침에 따라 적절한 기도나 수행 등으로 그 마음을 잘 다스린다면 우리는 걸림 없는 멋진 삶을 살 수 있을 것이다.

겨울이 오면 봄은 멀지 않으리

나무들은 여름 내내 무성했던 옷을 다 떨쳐버리고 나목으로 서 있다. 그 사이로 매서운 겨울바람이 휙휙 눈보라를 날리며 지나가는 날에는 숲 속의 새들도 나무 틈으로 피신하고 사람들도 보이지 않는다. 우리는 보통 그런 모습을 보며 인생의 헛헛함과 스산함을 느끼고 자꾸만 움츠러든다. 그래서 어떤 사람들은 겨울을 죽음의 계절이라고 말하고 절망의 계절이라고도 한다.

하지만 겉모습만 그럴 뿐 겨울은 희망을 품은 계절이다. 나무들은 낙엽이 질 때 이미 새눈을 만들고 떨어진다. 이미 버릴 때 희망을 품고 떨어지는 것이다. 희망은 절망보다 강하다. 희망은 그 어떤 추위나 고통이나 고난보다도 힘이 강해서 다 이겨낸다. 나무는 다만 지난해에 너무 과했던 탐냄과 성냄과 어리석음의 옷을 벗고 또 다른 도약을 위한 준비를 하고 있을 뿐이다. 나무에게는 자신을 돌아보고 성찰하는 시간인 것이다.

나무가 다시 싹을 틔우기 위해서는 매년 매서운 추위를 이겨내야 하듯이, 인간사 인생살이에도 어려움은 늘 있다. 서해안 기름 유출로 고기를 잡는 사람들이나 양식업을 하는 사람들이나 숙박업들을 하는 사람들이 장사를 완전히 망치고 망연자실해 있다. 잘 나가던 사업체가 부도나고 하루아침에 오갈 데 없이 거리로 쫓겨난 사람들도 있다. 물난리나 화재로 인해서 집을 잃은 사람들도 있고, 장애와 병으로 지금도 고통을 받고 있는 사람들도 있다. 이와 같이 우리는 수없는 시련과 고통을 접하면서 산다.

그러나 그 고통은 우리가 도약하고 앞으로 나아가는데 필요한 약이자 교훈일 수 있다. 우리는 그 어려움을 발판 삼아서 이겨내야 추운 겨울을 벗어날 수 있는 것이다. 부처님께서는 더 큰 행복을 주기 전에 작은 불행을 줘서 나를 실험하는구나 생각하면 이겨내지 못할 일이 없다. 피하지 못할 일이라면 내 마음을 바꾸고 웃으면서 기쁘게 받아들이는 것이다.

미국의 유명한 발명가 에디슨이 운영하는 공장에서 불이 나 100만 달러 상당의 설비와 연구 성과가 불에 다 타버렸다. 다음날 67세의 노 발명가 에디슨은 그동안 쌓아올렸던 모든 것이 하루아침에 물거품이 되어버린 현장에 왔다. 사람들은 모두 동정과 연민으로 그를 위로했다. 그러나 그는 평온한 모습으로 오히려 다른 사람들을 위로했다. 그리고 다시 일어섰다.

영국의 사학자 칼라일은 몇 년간 심혈을 기울인 끝에 마침내 《프랑스 대혁명사》의 원고를 완성했다. 그는 이 대작의 원본을 그의 친구 밀에게 보내 비평과 가르침을 청했다. 원본을 보낸 지 며칠 지나지 않아 얼굴이 하얗게 질린 밀이 달려와 소식을 전했다. 밀의 가정부가 원고를 폐지로 잘못 알고 불을 지피는데 써버리는 바람에 지금은 원고가 달랑 몇 장밖에 남지 않은 것이다. 칼라일은 순간 절망감에 사로잡혔다. 그것은 그가 몇 년 동안 심혈을 기울여 완성한 작품이었기 때문이다. 더구나 그 어떤 자료도 남아있지 않았다. 그러나 칼라일은 다음날 정신을 가다듬고 다시 원고지를 쓰기 시작했다. 몇 년이 지나고 그는 드디어 《프랑스 대혁명사》를 다시 완성했다.

다른 사람 같으면 이제 끝났다고 비관했을 것이다. 나는 왜 이렇게 안 풀리는 것인가, 나는 왜 하는 일마다 안 되는 것인가 하고 절망했을 것이다. 그리고 포기했을 지도 모른다. 그러나 에디슨과 칼라일은 그런 어려운 상황에도 불구하고 미래를 생각하고 희망을 생각했다. 어차피 받아야 할 고난과 운명이라 생각하고 저항하지 않고 기쁘게 즐겁게 받아들였다. 그리고 보란 듯이 다시 일어섰다. 이와 같이 위대한 위인들은 고난 속에서도 불굴의 의지로 세상을 헤치고 나가 뜻을 이루었다.

사실 세상을 살면서 항상 기쁜 일만 있을 수는 없다. 행복도 있고 불행도 닥쳐올 수 있다. 우리 가정이 항상 행복하고 좋은 일만 있게 해 달라고 하는 기도는 욕심일 수도 있다. 차라리 부처님께 저희 가족이 어떠한 어려움이 닥치더라도 헤쳐 나갈 수 있는 희망과 용기를 달라고 기도하는 것이 나을 것이다. 사실 살아가면서 고난과 시련이 있어야만 더 발전할 수 있다.

한 동물학자가 아프리카 올란차강 양쪽 연안에 사는 동물인 영양을 연구했다. 동물학자는 연구를 통해 동쪽 연안에 사는 영양들이 서쪽 연안에 사는 영양보다 번식능력이 강하며, 뛰는 속도도 분당 13미터 정도 더 빠르다는 사실을 알아냈다. 그렇지만 양쪽 영양이 살아가는 환경과 먹이는 같았다. 그런데 다른 결과가 나왔다. 조사결과 동쪽 연안에 사는 영양이 튼튼한 까닭은 그들 주위에 늑대가 살고 있었기 때문이었다. 반면에 서쪽 연안에 사는 영양은 늑대와 같은 천적이 부족했기 때문에 허약했다. 천적이 없는 동물은 스스로 나태하여 면역력이 약해지고, 천적이 있는 동물은 살기 위해 더 강해지고 더 많이 번식했던 것이다.(『살면서 꼭 알아야 할 99가지 이야기』)

우리에게는 적당한 스트레스와 장애와 고난이 있어야만 더 발전하고 번성할 수가 있는 것이다. 자기 앞에 닥친 장애와 고통과 좌절을 미워하고 원망할 필요는 없다. 우리는 그 어려움을 발판 삼아 더 멀리 도약할 수가 있는 것이다. 늘 잘난 체하고 성과는 혼자 독차지하려는 미운 직장동료, 늘 발 냄새를 풍기고 술 마시면 들어와서 가정을 어수선하게 만드는 남편, 늘 말썽을 부리고 용돈만 달라고 떼를 쓰는 자식들, 암울하고 가망이 없어 보이는 실망스러운 사업 등이 더 나를 강하게 만들고 발전하게 만드는 것이다. 나는 저렇게 살지 말아야지, 뭔가 다른 새로운 방법이 없을까 하고 생각하면 절망이나 고통도 다 스승이고 교훈을 주는 고마운 선생님이다.

우리는 옷을 입을 때도 너무 많은 옷을 입으면 안 된다. 적당히 추워야만 겨울에 면역이 되어서 이겨낼 수가 있다. 오히려 옷을 너무 많이 입다가 하루라도 소홀하게 되면 바로 감기가 찾아온다. 화초 기르듯이 부모의 보호를 받으며 자란 사람은 면역력이 떨어져서 사회를 살아가는데 어려움이 있다. 그러나 어렸을 때 어려움을 겪으며 잡초처럼 자란 사람은 사회에 잘 적응해 간다.

없고 배고픈 사람들에게 겨울의 눈보라는 매섭고 날카롭다. 하지만 그 눈보라를 이겨내야만 찬란함 봄을 맞이할 수가 있는 것이다.

영국의 시인 쉘리는 「서풍의 노래」라는 시 마지막 부분에서 '겨울이 오면 봄은 멀지 않으리' 라고 노래했다. 추운 겨울이 지나면 따스한 봄이 기다리는 것이다. 쥐구멍에도 볕 들 날 있고, 감나무 밑에서 입을 벌리고 있으면 홍시가 입으로 떨어질 때도 있다. 굶어 죽으라는 법은 없다.

이제 필요 없는 근심과 걱정과 불안을 다 떨쳐버리자. 고민과 번민도

떨쳐버리자. 모든 것을 다 떨쳐버린 저 겨울나무는 얼마나 당당하고 아름
다운가. 겨울은 희망의 씨앗을 품고 있는 계절이다. 행복은 희망의 씨앗
을 품고 마음의 준비를 하고 기다리는 자에게만 찾아온다. 겨울이 오면
봄은 멀지 않으리.

2부

구름 걷히면
청산이네

아직 남은 화장지를 위하여

　　얼마 전 새로 구입한 수필집을 읽다가 어느 한 부분에서 가슴이 턱 막혔다. 가슴에 와 닿는 내용이 있어서 그 밑에 밑줄을 그어 표시해 놨다.

　'인생은 두루마리 화장지와 같아서 끝으로 갈수록 더 빨리 없어집니다. 우리는 화장실을 사용하다가 화장지를 다 써버린 줄 미처 모르고 당황해하는 순간이 있습니다. 그 순간이 바로 우리의 목숨이 다한 순간입니다.' (『내 인생에 힘이 되어준 한마디』, 정호승)

　인생은 두루마리 화장지와 같아서 끝으로 갈수록 더 빨리 없어진다는 정호승 시인의 말에 나는 깊이 공감하며 고개를 끄덕였다.

　사실 이 내용은 이제 막 사회생활을 시작한 이십대는 이해하지 못할 것이다. 이십대는 아직도 풀지 않은 많은 화장지가 남아있기 때문이다. 최소한 화장지가 어느 정도 풀린 삼십대 후반이나 사십대가 되어서야 비로소 그 의미를 깊이 알 수 있는 것이다.

부처님께서 슈라바스티에 계실 때, 성안에 한 바라문이 있었다. 나이는 팔십이고, 재산은 헤아릴 수 없이 많았다. 그는 사람됨이 완고하고 인색하며 탐욕이 많아 교화하기 어려웠으며 인륜도덕을 몰랐다.

그는 집 짓는 것을 좋아하였다. 사랑채를 짓고 나서 별당을 짓고 다시 누각과 회랑을 짓느라 바빴다. 그 와중에도 그것들을 수리하느라 쉴 사이 없이 바빴다.

부처님께서는 그 노인이 오늘 해가 지기 전에 죽을 것이라는 것을 혜안의 눈으로 보셨다. 부처님이 보시기에, 노인은 자신의 목숨이 경각에 다다른 줄 모르고 있고 몸은 비쩍 마르고 힘은 다하였으며 복을 짓는 일에는 도무지 신경을 쓰지 않아 매우 가여워 보였다. 그래서 부처님께서는 아난과 함께 그 노인의 집을 찾았다. 그리고 그 노인을 만나 나고 죽는 것에 대해서 법문 해 바른 길로 인도하려고 하셨다.

그러나 노인은 오직 일에만 빠져 있었다. 노인은 부처님의 법문도 무시하고 지금은 바쁘니 나중에 오라며 부처님의 말씀을 듣지 않았다.

부처님이 떠나신 뒤, 그 바라문은 직접 나무를 올려주다가 나무가 떨어지면서 머리를 때려 그 자리에서 죽고 말았다.(『법구비유경』, 우은품)

『법구비유경』에 있는 이야기로 허망하게 죽어가는 우리의 한 단면을 보여주고 있다. 평생 복도 짓지 못하고 그저 일만 하고 산 그 노인은 일하느라 정신이 팔려서 끝내 부처님의 법문을 듣지 못한다. 그 노인은 평생 일밖에 몰라 인생의 마무리를 의미 있게 매듭짓지 못했다. 부처님의 법문을 듣고 인생의 진리를 깨달았으면 최후가 그렇게 허망하지는 않았을 것이다.

사실 우리는 많은 세월을 사는 거 같지만 그렇지 않다. 우주의 세월과 비교해서 우주적 관점에서 보면 점 하나 찍을 수도 없다. 그래서 『금강경』에서는 '지나간 마음도 얻을 수가 없으며 현재의 마음도 얻을 수 없으며 미래의 마음도 얻을 수 없다(過去心不可得 現在心不可得 未來心不可得)'고 하였다. 쉼 없이 바삐 흘러가버리는 그 시간 어디에 점을 찍고 표시를 할 것인가. 그래서 우리는 우유부단하게 고뇌하고 슬퍼하며 시간을 허비하며 보낼 시간이 별로 없다. 세상은 진리를 추구하고 즐겁게 웃고 감사하고 기뻐할 시간도 부족하다.

중요한 것은 오래살고 작게 사는 것이 문제가 아니다. 주어진 인생을 얼마나 의미 있고 보람차게 사는가가 중요한 것이다. 인생을 내 의지대로 보람 있게 살지 못하고 남들에게 끌려 다니듯이 살다가, 마지 못 해서 겨우겨우 살다가 죽음을 맞이하는 사람들을 보면 불쌍하다는 생각이 든다. 인생을 끌려 다니다시피 사는 것은 사는 것이 아니다. 남아 있는 시간을 잘 활용해서 온전히 나의 시간이 되도록 살아보는 것이 진짜 삶이다.

나는 한때 이십대 초반에 방황의 시기를 거친 적이 있다. 그때는 온갖 삶들이 지겹고 의미가 없고 보이는 것들마다 어두웠다. 사는 재미도 없었고 괴로웠다. 탈출구가 없었다. 나는 그 괴로움을 달래기 위해서 무작정 밤길을 걷는 버릇이 생겼다. 몇 시간이고 밤길을 걸어서 갔다가 와서 잠이 들곤 했다. 그때는 정말 지겨운 시간이 빨리 가버렸으면 하고 생각했다. 빨리 나이를 먹어서 늙어서 죽어버렸으면 하고 생각했다. 하늘에는 늘 빛나는 태양이 내리쬐었지만 나에게는 빛도 보이지 않았고 컴컴한 암흑천지였다.

그렇게 이십대 초반의 방황의 시기를 거치고 다시 일반 사람들처럼 그렇게 대강대강 그런대로 살다가 다시 나이 30을 먹은 첫날을 맞이하게 되었다. 그날 아침 나는 나 자신을 돌아보게 되었다. 살아온 지난날을 회상하고 돌이켜보았다. 돌아보니 나는 내 의지와는 상관없이 다른 사람들과 사회적인 통념의 지시에 따라 거의 피동적으로 기계처럼 살아왔음을 알게 되었다. 나라는 주체는 그 어디에도 없었다. 그리고 그날 아침 나는 펑펑 울었다. 아, 인생을 헛살았구나, 참으로 긴 시간을 너무 많이 허비했구나 생각했다. 울면서 이렇게 살아서는 안 되겠다 하고 다짐했다. 그 후 내 인생은 약간의 궤도수정을 하고 시간을 좀 더 잘 관리하게 되었다.

식물의 최대 목표는 열매를 맺어서 널리 종족을 번식하는 것이다. 우리는 한여름에 먹고 난 수박의 껍질이나 씨를 버린다. 그러면 그 자리에서 싹이 트고 순이 자라나 열매를 맺는다. 관리하지 않아도 그런대로 제법 큰 열매도 맺는다. 하지만 좀 있으면 가을이 오고 밤에는 날씨가 선선해 진다. 한참 더워야 열매가 익는데 가을이 오니 그 열매는 제대로 익지를 못한다. 수박의 안을 잘라보면 익지 않았거나 썩은 것을 알 수 있다. 그 노지 수박은 시기를 잘못 택해서 너무 늦게 태어났기 때문에 열매 맺기에 실패한 것이다. 수박에게 있어서 때란 아주 중요하다. 때를 놓치면 인생 은 끝나는 것이다.

하지만 사람은 수박과는 좀 다르다. 나이가 좀 먹었다고 해서 너무 걱 정할 필요는 없다. 사람에게 있어서 수박과 같이 종족 번식이 최고의 목 표는 아니기 때문이다. 사람은 다양한 가치관을 가지고 세상을 보다 의미 있게 살아갈 수가 있다. 지금부터라도 시간의 귀중함을 빨리 깨닫고 앞으 로의 남은 삶을 보람차고 의미 있게 살면 되는 것이다.

인생을 긍정적으로 아끼며 사는 사람은 늘 수첩을 들고 다닌다. 그날 할 일을 적어놓고 체크하며 관리한다. 그래서 그날 할 일은 그날 해결한 다. 내일이라도 할 일이 생기면 내일의 란에 미리 할 일을 적어놓는다. 그 러면 착오 없이 일을 진행할 수 있다. 어떤 사람은 앞으로 한 달 후의 자 신의 모습, 일 년 후의 자신의 모습, 십 년 후의 자신의 모습을 수첩에 기 록하고 늘 점검하며 사는 사람도 있다. 그런 사람들은 인생을 무의미하게 막 사는 사람들 보다 훨씬 발전적인 삶을 살 것이라 믿는다.

　화장지가 많이 줄었다고 한탄하지 말자. 이미 풀린 화장지는 그 어디에 서도 찾을 수가 없다. 남아있는 화장지가 중요하다. 이제라도 얼마 남지 않은 화장지를 어떻게 바르고 의미있게 쓸 것인지 생각해야 한다.

공양간 이야기

산해진미(山海珍味)라는 말이 있다. 산과 바다에서 나는 진귀한 재료로 차린 음식이라는 말이다. 옛날에도 각 지방마다 특색 있는 음식들이 있었을 것이다. 그러나 교통의 불편으로 이런 음식들이 한자리에 모이기 힘들었으니 자주 산과 바다의 음식들을 모아 잘 차리기는 힘들었을 것이다. 그래서 옛날에는 임금이나 고관대작, 외국 사신들이 이런 음식을 대접받았을 것이고 서민들은 꿈에나 가능한 일이었을 것이다.

그러나 요즘 세상은 뭐든지 풍부하고 넘쳐난다. 옛날에는 살기 위해서 뭐든지 가리지 않고 먹어야 했지만, 요즘은 가려 먹어도 다 못 먹을 만큼 먹을거리가 무궁무진하다. 슈퍼나 편의점에 가면 온갖 식품이나 과자, 라면들이 넘쳐나고 거리에는 자극적인 음식 광고판과 냄새가 우리를 유혹

한다. 그래서 여유와 능력이 되는 사람들은 전국을 누비며 맛있는 음식점만 찾아다니는 사람들도 있다고 한다. 그야말로 먹을 것으로 넘쳐나는 세상이니 날마다 산해진미인 것이다.

몇 십 년 전만 해도 절은 무척 어려웠다. 대중이 많은 절은 항상 쌀 걱정을 하고 반찬 걱정을 해야 했다. 그래도 다 살 방법은 있었다.

1950년 겨울, 육이오 전쟁이 한창일 때, 피난지 부산은 그야말로 북새통을 이루었다. 부산 범어사의 청풍당 선방 살림도 말이 아니었다. 보통 열 명 내외였던 스님들이 동안거 철이 되자 많이 찾아오는 바람에 스님들이 어느 덧 팔십여 명이 넘어선 것이다.

그러나 동산 스님은 그 수행자들을 모두 받아주었다. 지금 같으면 인원을 정해서 안거가 들어가지만 너무 많은 스님들이 찾아오니 당장 힘들어진 것은 공양간을 관장하는 원주 스님이었다. 원주가 양식이 없다며 걱정했지만, 동산 스님은 수행자가 굶어죽었다는 소리 들어본 적 없다며 천하태평이었다.

동산 스님은 제자 손목을 잡고 김장독으로 가 뚜껑을 열게 했다. 그리고 소금 포대를 가져오라고 해서 굵은 소금을 한 사발씩 더 뿌렸다. 이렇게 해서 그해 범어사의 청풍당 선원 김치는 염전의 소금만큼 짰다. 그래서 스님들은 주음식인 김치를 많이 먹을 수가 없었다. 배추김치 한 조각을 가지고 밥 한 끼를 먹는 스님도 있었다. 그래서 한 겨울 동안 반찬 부족 없이 무사히 보낼 수가 있었다.

절의 음식은 신도들이나 외부에서 들어온 시줏물이라고 할 수 있다. 스님들 사이에는 시줏물을 함부로 쓰면 가축으로 태어나서 그 보답을 해야 한다는 이야기가 있다. 특히, 소로 많이 태어난다고 한다. 태어나서 전생의 빚을 갚기 위해 평생 죽어라고 밭과 논을 갈고 몸까지 보시하고 간다고 한다. 그래서 스님들은 시줏물의 무서움을 잘 안다.

옛날에 어느 젊은 스님이 공부하러 송광사에 가고 있었다. 그 스님은 갓 출가하여 불법에 대한 구도심과 신심이 넘쳐났다. 스님은 먼 길을 걸어온지라 일주문 근방에서 걸망을 내리고 너럭바위 위에서 잠시 쉬고 있었다. 그런데 냇가의 위쪽을 보니 배추 시래기가 하나 떠내려 오는 것이 보였다. 그것을 본 스님은 신심이 떨어져 돌아가려고 하였다. 시줏물을 함부로 낭비하고 버리는 승려들 속에서는 공부를 할 수가 없다는 생각에서였다.

바로 그때 한 동자가 헐레벌떡 뛰어 내려오는 것이 보였다. 그렇게 뛰어와서는 그 스님에게 배추 한조각 보지 못했느냐고 물었다. 스님이 떠내려가는 배춧잎을 가리키자, 동자는 재빨리 달려가 이파리를 건져 올린 뒤 해맑게 웃었다. 그 모습을 본 스님은 과연 송광사의 가풍은 훌륭하다며 고개를 끄덕였다. 그리고 다시 발길을 돌려 송광사로 갔다는 얘기다.

시줏물의 귀함을 보여주는 일화이다.

　이렇듯 송광사에는 그 가풍을 면면히 이어온 구산 스님이 있었다. 스님은 밥을 준비하다가 쌀을 흘리거나 야채 잎 하나라도 흘려버리면 그냥 놔두는 법이 없었다. 구산 스님은 그 벌로 밥 한 끼니를 굶게 했다. 먹는 것이 부실한 가난한 시절, 젊은 사미승들에게는 가장 무섭고 가혹한 벌이었다.

　"이것 보아라. 네가 떠먹는 밥 한 숟가락에 쌀알이 몇 개인 줄이나 알고 있느냐. 한번 떠먹는 한 숟가락에 쌀알이 삼백 개야. 그러니 한 끼에 열 숟가락이면 삼천 개, 한 끼에 열 숟가락만 먹는다고 해도 하루에 일만 개의 쌀알을 먹는 거야. 그러니 그 쌀알에 스며있는 농부의 공덕을 생각해 보아라. 그 공을 어떻게 다 헤아릴 수 있겠느냐. 그 귀한 공덕과 값진 공력도 모른 채 함부로 쌀알을 버리면 이거야 말로 큰 죄를 짓는 것이 아니고 무엇이겠느냐."

　구산 스님으로부터 굶기는 벌을 받고 난 스님들은 정신이 번쩍 나서 이후로는 음식과 시주의 귀중함을 알게 되었다고 한다.

(『큰스님 큰 가르침』, 윤청광)

　법주사 학인 스님 중에는 일부러 버려진 음식을 주워 먹는 모스님도 있다. 법주사는 많은 대중이 살다보니 아무래도 작은 음식물이 버려질 때가 있다. 스님은 일일이 그런 곳을 다니면서 쓰레기를 확인하고 먹어도 될 만한 음식이 있으면 흐르는 물에 씻어서 먹는 것이다. 일반인이라면 감히 할 수가 없는 노릇이다.

그 스님은 자기 수중에 돈이 생기면 어려운 사람을 위해서 선뜻 돈을 내놓는다. 내가 법주사 소임을 살 때였다. 내 사제 스님이 될 행자가 앞 이빨이 빠진 상태로 출가했다. 그것이 안쓰러웠던 모양이다. 그 스님은 이빨 빠진 행자의 이빨을 하자며 잔뜩 때가 묻고 꼬깃꼬깃 접힌 돈을 가져온 적이 있다. 나는 그때 차마 그 돈을 받을 수가 없어 그 행자가 스님이 되면 보자며 돌려보냈던 기억이 있다.

공양간에서 쓰레기통을 뒤져 버려진 음식을 먹는 바람에 동료 스님들은 좋지 않는 눈으로 보는 것 같다. 그러나 내가 보기에는 인과(因果)의 무서움을 바로 알아 남들이 못할 대단한 수행을 하는 것 같다. 법주사의 스님들과 공양주들이 함부로 내버리는 복(福)을 그 스님이 다시 찾아 주워 오는 것 같아 마음이 든든하다.

음식도 절제와 조절이 필요하다. 맛있는 것만 찾아다니다가는 창자가 썩어서 결코 오래 살지 못한다고 한다.

이 음식이 어디에서 왔는가를 생각하고 항상 고마워해야 한다. 내가 돈 주고 사왔다고 해서 함부로 해서도 안 된다. 곡식을 기르고 음식을 만든 사람의 노고를 생각한다면 결코 낭비하지 않을 것이다.

구름 걷히면 청산이네

불교에는 극락(極樂)이라는 말이 있다.
불교에서 말하는 이상의 세계이다. 극락세계는 서쪽으로 십만 억의 불국
토를 지나 있으며 아미타불이 거주하며 설법하는 곳이다. 여기에 사는 사
람은 심신의 괴로움이 없고 다만 즐거움만이 있다고 한다. 불교에서는 극
락세계만 있는 것이 아니다. 아촉불의 동방묘희세계도 있고, 약사여래의
동방정유리세계도 있으며, 미륵보살의 도솔천도 있다. 그러나 극락세계
하면 대표로 서방정토 극락세계를 말하는 것이다.

『아미타경』에 나온 것을 대략 간추리면, 칠보(七寶)로 된 연못에는 보
석으로 장식된 누각이 있고 수레바퀴만한 연꽃이 피며, 황금으로 이루어
진 대지에는 항상 천상의 음악이 연주되고, 하늘에서는 밤낮으로 만다라
화 꽃비가 내리고 기묘한 새들이 밤낮으로 노래를 부른다는 내용이다.

극락과 비슷한 용어를 사전에서 찾아보니 의외로 많은 단어들이 있었다.

어느 날 한 어부가 고기를 잡기 위해 배를 타고 강을 거슬러 올라갔다. 한참을 오르다 보니 물 위로 복숭아 꽃잎이 떠내려 왔다. 그 향기에 취해 꽃잎을 따라가 보니, 앞에 커다란 산이 가로막고 양쪽으로 복숭아꽃이 만발하였다. 자세히 보니 복숭아꽃 사이 계곡 밑으로 작은 동굴이 뚫려 있었다. 그 동굴은 어른 한 명이 겨우 들어갈 정도의 크기였는데, 더 들어가자 확 트인 넓은 세상이 나타났다. 그곳에는 끝없이 너른 땅과 기름진 논밭, 아름다운 꽃 등 이 세상 어느 곳에서도 볼 수 없는 아름다운 풍경이 펼쳐져 있었다. 어부가 두리번거리고 있는데 그곳 사람들이 다가와 말을 걸었다. 그들은 얼굴에 모두 미소를 띠고 있었다. 그들은 조상들이 진(秦)나라 때 난리를 피해 식구와 함께 이곳으로 온 이후로 한 번도 이곳을 떠난 적이 없다고 했다. 어부는 그들에게 융숭한 대접을 받으며 며칠간을 머물렀다. 어부가 그곳을 떠나려 할 때 그들은 이 마을 이야기는 다른 사람에게 하지 말아달라고 부탁했다. 그러나 어부는 신기한 나머지 나올 때 길목마다 표시를 했다. 그리고 돌아와서는 즉시 고을 태수에게 사실을 말하였다. 태수는 사람을 시켜 그 곳을 찾으려 했으나 표시해 놓은 것이 없어져 끝내 찾을 수가 없었다.

위의 이야기는 동진(東晉) 때의 시인 도연명(陶淵明)의 『도화원기(桃花

源記)』에 나오는 이야기이다. 어부가 보고 경험했던 곳을 도원경(桃源境), 또는 무릉도원(武陵桃源)이라 부른다. 세상과 따로 떨어진 별천지이자 이상향을 이르는 말이다.

그와 비슷한 말로 걱정이나 근심 없이 행복을 누릴 수 있는 낙원을 나타내는 뜻으로 파라다이스(paradise)가 있다. 영국의 작가 토머스 모어의 소설 속의 이상세계인 유토피아(Utopia)도 있다. 엘도라도(El Dcrado)는 지금까지 찾지는 못했지만 남아메리카의 아마존 강변 어딘가에 숨어 있다고 하는 황금의 나라를 나타낸다. 기독교나 이슬람교 등의 몇몇 종교에서는 이상향의 세계를 천국(天國)이라고 한다.

위에서 열거한 것들은 모두 우리들이 바라고 원하는 이상세계를 말한다. 즉, 극락의 다른 표현인 것이다.

그런 외중에 얼마 전 아는 지인들과 범주 스님이 주석하는 달마선원에 갈 일이 있었다. 알다시피 범주 스님은 그림을 그리는 분이다. 우리들은 안내인의 안내에 따라 작품 전시장을 둘러보며 작품 감상에 몰두했다. 스님의 작품은 주로 달마도와 선화(禪畵) 위주이고, 도자기에 글과 그림을 그리기도 한다.

나는 한동안 작품 감상을 하다가 어느 도자기 작품에 써진 글귀를 읽었다.

"흰 구름 걷히면 청산이네, 하필이면 서쪽에만 극락이랴."

　요 며칠 동안의 나의 화두가 '극락' 이었는데, 스님은 선(禪)의 직관으로 나의 생각을 단숨에 허물어 버린 것이다. 마치 골몰했던 화두가 해결되면서 모든 의문이 술술 풀리는 느낌이었다.

　그 외의 작품에도 인생의 정곡을 꿰뚫는 스님의 글귀가 참 많았다. 들리는 말에 의하면 스님은 매일 아침마다 참선 수행하신다고 하더니 스님의 내공이 만만치가 않았다.

　그렇다. 극락은 멀리 있는 것이 아니며 어려운 것도 아니다. 돈이 많이 들고 친구들이 많이 필요한 것도 아니다. 한 마음 바꾸면 그 자리가 바로 우리가 원하는 곳이 되는 것이다. 그러나 우리는 밖으로만 찾으려 하고 밖으로만 구하려고 하니 늘 만족하지 못하는 것이다. 흰 구름 걷히면 바로 그 자리가 청산인 것이다.

　내가 30대 때, 시골 나무 때는 집을 고쳐서 혼자 산 적이 있었다. 전화도 없고, 찾아오는 사람도 없고 답답하고 외로워서 너무 힘들었다. 그 산골이 지옥이었다. 그래서 마음이 일어나면 불쑥 버스를 타고 도심으로 나오기도 하였다. 아는 사람들을 찾아가거나 전화를 하면 다 일 때문에 바쁘고 나 혼자였다. 도시의 중심은 더 쓸쓸하고 외로웠다.

　그 다음부터는 외롭든지 괴롭든지 무조건 있었다. 그렇게 시일이 지나자 마음의 평정이 찾아오고 이제는 그 산속이 좋아졌다. 산속에서 사는 재미를 느끼기 시작했다. 그 산속이 극락세계가 되었다. 숲속에 있는 나무들과 아름다운 새들이 나에게 말을 걸어왔다. 공기는 맑고 상쾌해서 늘 기분이 좋았다. 밤에는 반딧불이 날고 소쩍새가 울어 밤 분위기를 멋지게 만들었다. 특히, 날이 밝아오면서 듣는 새들의 오케스트라는 정말 환상적이었다. 나중에는 그 숲에서 나오기가 싫었다. 한마음 바꾸니 극락이었던 것이다.

현세의 삶이 너무 힘들고 어려워서 빨리 극락이나 천국에 가고 싶다는 마음을 가지고 있는 사람도 있을 것이다. 하지만 극락도 인생을 정직하게 잘 산 사람들에게만 열려있는 문이다. 세상을 막 산 사람들은 죽음이 다가올수록 떨릴 것이다. 함부로 막 가는 데가 아닌 곳이다.

'아이고 죽겠네, 재미없어 죽겠네' 라고 말하지만, 사실 한 마음 돌리면 이 자리가 행복의 자리다. 아무리 힘들고 어려워도 현재 지금의 삶이 최고인 것이다.

『유마경』에서는 '마음이 청정하면 국토도 청정하고 깨달음을 얻으면 사바세계가 그대로 극락정토가 된다' 고 하였다.

마음 바꾸면 처처가 극락이고, 구름 걷히면 바로 청산이다.

부처님의 평등

　　법주사 대웅보전에는 세 부처님이 계시다.
그중에서 가운데 부처님이 비로자나불이다. 비로자나불의 손 모양을 보면 지권인(智拳印)이다. 두 주먹이 위 아래로 겹쳐지고 그 사이를 엄지손가락이 잇고 있다. 이것은 중생과 부처가 둘이 아니라는 뜻이다. 중생과 부처가 둘이 아니라는 것은 하나라는 불이(不二)사상이며, 불이사상은 결국 평등사상으로 귀결된다. 불교는 많은 곳에서 평등을 말한다.

　　첫째는 인간의 평등이다.

　　부처님 당시에는 인도 카스트 제도의 시행으로 몸살을 앓고 있었다. 카스트 제도란 고대부터 현재까지 이어지고 있는 인도 특유의 신분 제도로써 네 가지 계급으로 나눈다. 성직자들이 속한 브라만, 왕족 및 무사 계급인 크샤트리아, 상공업이나 농사에 종사하는 바이샤, 가장 하층의 계급인 수드라로 나눈다. 이들 각 계급 간에는 철저한 규율이 있어서 결혼을 할 수도 없으며 직업이나 모든 면에서 차별이 있었다. 특히 최하층 계급은 불가촉천민이라 해서 일반 다른 계급과는 접촉해서도 안됐다. 그것을 지키지 않으면 죽임을 당하기도 하였다. 부처님께서는 당시의 카스트 제도를 정면으로 비판했고 인간성의 평등을 주장했다.

부처님의 십대 제자 중의 한사람인 우바리존자는 불가촉천민인 '수드라' 계급으로 왕실의 이발사로 일하고 있었다. 어느 날 부처님의 사촌 동생인 아난이 출가를 결심하자 우바리존자는 그보다 며칠 먼저 출가를 하였다. 출가하기 위해서는 먼저 출가한 스님들에게 일일이 절을 올려야 하는 의식이 있었다. 아난이 출가하여 먼저 출가한 비구들에게 차례로 절을 하는데, 우바리존자 앞에 가서는 절을 하지 않았다. 왕궁의 이칼사였던 불가촉천민에게는 절을 하는 것이 용납되지 않았고 그것을 당연하게 여겼던 것이다. 이것을 본 부처님께서는 전직 이발사 우바리에게도 절을 하도록 하였다. 부처님께서 말씀하시길, 출가자에게는 카스트 제도 같은 것은 없으며 계(戒)를 먼저 받은 이가 위에 앉고, 나중에 받은 이가 아래에 앉아야 한다고 말씀하셨다. 불교의 평등사상을 확인할 수 있는 부분이다.

현대사회에서도 이런 차별은 존재한다. 서울의 강남과 강북을 나누고, 명문대와 지방대를 나누고, 부자와 빈자를 나눈다. 그러나 내용을 보면 황인종에 똑같은 대한민국 사람들이다. 나누어야 할 하등의 이유가 없는 것이다. 이런 차별이 사라지는 것이 진정 불교가 바라는 사회일 것이다.

두 번째는 의식주의 평등이다.

절에 음식이나 물품이 들어오면 누구나 똑같이 분배한다. 나누는 데는 큰스님이고 작은 스님이고 구분이 없다. 더구나 안거 기간에는 누구나 할 것 없이 전 대중이 모두 나와 발우공양을 한다. 주지스님이라고 해서 특별식을 먹는 것도 아니고 이제 출가한 사미 스님이라고 해서 덜 먹는 것도 아니다. 덜 받고 더 주는 것 없이 누구나 다 똑같이 받아먹는다.

현대사회에서도 의식주는 가장 중요한 일이다. 부의 불균형으로 한쪽에서는 아우성이고 한쪽에서는 호의호식하고 있다. 어떤 재력가는 돈이 너무 많아 어디에 써야할 지 모르고, 어떤 비정규직 노동자는 몇 푼 되지 않는 돈을 벌기 위해서 새벽부터 밤까지 쉬지 않고 일한다. 그러면서 언제 목이 달아날지 몰라 전전긍긍하며 하루를 살아간다. 적절한 방법으로 부의 재분배를 해서 누구나 고르게 삶의 혜택을 받을 수 있게 하는 것이 불교가 지향하는 곳이다.

세 번째는 깨달음의 평등이다.

다른 몇몇 종교는 선택된 사람들만이 천당에 갈 수 있다고 한다. 전지전능하신 분의 장부에 기록이 되어야만 천당에 갈 수 있다고 한다. 하지만 불교는 좋은 일을 하고 좋은 마음을 쓰면 누구나 극락에 갈 수 있다고 한다. 또한 누구나 공부를 하면 깨달음을 이뤄 부처가 될 수 있다.

나무를 하던 혜능이 '응당 머문바 없이 그 마음을 내라(應無所住 而生其心)'는 『금강경』 구절을 듣고 발심하여 출가하려고 홍인화상을 찾아갔다.

홍인화상이 혜능에게 물었다.

"자네는 어디 사람이길래 이 산에까지 찾아와서 나에게 예배하는가? 자네는 지금 나한테서 또 어떤 것을 구하려고 하는가?"

"제자는 영남 사람으로 신주의 백성입니다. 지금 일부러 이렇게 멀리 찾아와서 화상께 예배를 올리는 것은 다른 것을 구하려고 하는 것이 아니옵고, 오직 부처가 되는 가르침만을 받고자 할 뿐입니다."

대사는 드디어 혜능을 나무라며 말했다.

"자네는 다름 아닌 영남 사람이 아니냐! 또한 갈료(짐승과 같은 놈)로서 어떻게 감히 부처가 되겠다고 하는가!"

혜능이 대답했다.

"사람의 출신으로는 남북의 구분이 있습니다만, 불성은 남북의 구분이 없습니다. 갈료의 몸인 저와 화상의 신분은 비록 같지 않습니다만 불성은 어찌 차별이 있겠습니까?"(『돈황본 육조단경』, 정성본 역주, 축약)

이에 홍인화상은 혜능이 보통 인물이 아님을 알아보게 된다.

위의 이야기에서 보듯이 깨달음에는 차별이 없고 누구나 성불할 수 있으며 극락에 갈 수 있다. 일체중생 실유불성(一切衆生 悉有佛性), 일체 중생은 누구나 다 불성을 가지고 있는 것이다.

누구나 깨달음을 이룰 수 있다는 것은 큰 의미를 가진다. 깨달음에는 종자가 따로 있는 것이 아니다. 수행하면 누구나 이룰 수 있다. 우리는 할 수 있다는 자신감을 얻게 되고 세상을 살 때 무언가에 의지하여 피동적으로 사는 것이 아니라 능동적으로 살 수가 있는 것이다.

이 부분을 현대적인 의미로 새롭게 해석하여 보자. 누구나 노력하고 열심히만 하면 꿈을 이룰 수가 있다는 말이다. 누구나 노력하면 지혜를 얻을 수가 있고, 명예를 얻을 수도 있고, 부자도 될 수 있다는 말이다.

네 번째는 만물의 평등이다.

어떤 사람은 인간의 목숨 외에는 다른 생명은 무시해도 된다고 말한다. 그래서 그런 사람들은 아무렇지도 않게 살생을 하며 환경을 파괴한다.

그러나 불교에서는 인간의 생명 뿐 아니라 모든 생명의 목숨을 존중하고 귀하게 여긴다. 어떤 사람들은 인간이 잘 되기 위해서 동물을 죽이고 그 피를 받아서 제사에 올리는 행동을 하기도 한다. 그러나 다른 동물이 죽는 고통을 만들어가면서까지 인간이 행복을 찾는다는 것은 어딘지 모르게 이율배반적으로 보인다. 하는 수 없이 먹고 살기 위한 것이 아니라면 살생은 우리에게 큰 업을 가져다준다. 우리 인간만이 잘났다는 생각 대문에 어느 한 민족만이 잘났다는 생각 때문에 환경이 더 파괴되고 오염

됐다.

　이와 같이 부처님께서는 많은 부분에서 평등을 말씀하셨다. 차별을 철폐하고 화합을 강조하셨다. 그리고 '물과 우유같이 화합하라'고 말씀하셨다.

　이번 봄에는 서로 다툼이 없이 항상 웃는 사람들이 많았으면 좋겠다. 비정규직 노동자도, 일당제 일일 노동자도, 아픈 사람들도, 고뇌에 찬 사람들도 차별이 사라지고 모두 다 허허하고 웃었으면 좋겠다.

불공의 의미

　　　　　　　불공(佛供)의 사전적 보편적인
의미는 말 그대로 부처님을 포함한 승단에 음식물이나 의복 같은 물질로
공양을 올리는 것을 말한다. 요즘에 와서 불공이라고 하면 자기 개인을
위해서만 기도를 하는 것으로 생각한다. 그러나 불공의 의미는 생각보다
더 큰 의미를 담고 있다.

　우리가 보편적으로 어려울 때 자신이나 가족을 위해 하는 개인 불공이
있다. 이런 불공은 꼭 성취하고 싶은 일이 있을 때 하는 불공이다. 갑자기
가족이 아파서 병원에 입원해 죽을 위기에 처해 있다든지, 남편 사업이
브도 위기에 처해 있다든지, 자녀가 대학입시 시험을 본다든지 할 때 하
는 기도이다.

　어떤 사람은 불교는 자력의 불교여서 무언가에 의지해서 하는 타력적

인 기도는 맞지 않다고 말한다. 하지만 나는 그것이 더 맞지 않다고 본다. 신도들이 절에 오는 이유는 사회생활 하느라 어려운 마음을 추스르고 어떤 절대자인 부처[覺]에 의지해서 마음의 안정과 위안을 받으려고 한다. 처음부터 깨달음을 추구하려고 절에 오는 신도들은 거의 없다. 깨달음의 추구는 차후에 불교에 대해 어느 정도 알고 마음이 안정되고 내 생활이 평온해졌을 때 이후의 것인 것이다. 스님들의 본분은 부처님을 모델 삼아 열심히 깨달음을 추구해야 하며, 일반 신도들은 부처님과 스님들이 증득한 깨달음의 가르침에 의지해서 마음의 안정을 찾고 종단의 유지를 위해 뒷받침해 주는 것이 자연스러운 신앙생활이라 본다. 그러므로 신도들이 절에 와서 부처님을 향해 개인적인 불공을 하여 마음의 안정을 찾는 것은 중요한 신행활동이다.

나의 은사스님에게 한번은 노처녀 보살이 결혼 불공을 해달라고 왔다. 그래서 스님은 그 보살을 데리고 산신각에 가서 불공을 올렸다. 스님은 '산왕대신' 하고 기도하고, 그 보살은 그 말을 잘못 알아들었는지 아니면 너무나 절실했는지 '사랑대신' 이라고 따라서 큰소리로 기도를 했다. 스님은 그 신도가 잘못 기도하는 줄 알았지만 한참 기도하는 중이라 멈추고 가르쳐줄 수도 없었다. 간절함이 기도이니 그냥 놔두자 생각하고 그대로 기도를 마쳤다. 그렇게 기도를 마치고 한 달이 조금 넘자 애인이 생기고 속전속결로 결혼을 했다. 좀 우습기는 하지만 소원이 이루어진 경우이다.

　개인불공은 혼자 할 수도 있지만 주로 절에 얼마간의 시주금을 내고 하는 기도이다. 그러다 보니 이루어지지 않으면 스님이 영험이 없다며 비판하기도 한다.

　실제로 어떤 거사가 많은 돈을 들여서 모 절에서 기도스님과 많은 스님들을 모시고 기도를 했는데 소원대로 이루어지지 않았다. 그래서 나중에는 기도스님이 영험이 없다느니, 성의가 없다느니 하며 비판했다. 그러더니 다른 절로 가버렸다. 둘 다에게 안타까운 일이다. 이것이 개인을 위한 불공의 딜레마다.

　개인불공이라는 것은 스님 혼자서만 잘해야 되는 것이 아니고 당사자도 최선을 다해서 노력하고 기도해야 이루어지는 것이다. '스님이 기도하면 다 이루어지겠지' 하면 문제가 되는 것이다. 개인을 위한 불공은 불공을 하되 그 결과가 잘되든지 못 되든지 모든 것을 부처님께 다 바치는 그런 마음으로 해야 한다.

　다음은 나와 남이 모두 잘되기를 바라는 일체중생을 향한 불공이다.

　나와 이웃을 포함해서 일체중생이 모두 잘되기를 바라는 불공이다.

　얼마 전 모 이동통신회사 광고 문구에 '사람을 향합니다' 라는 문구가 나오는 것을 보았다. 그 이동통신회사가 더 인권을 강조하고 품위 있어 보이려고 그런 문구를 쓴 것 같다. 하지만 어느 한쪽으로 치우친 감이 있다. 마음을 쓴 김에 더 써서 '일체만물을 향합니다' 라든가, '모든 것들에게 향합니다' 라고 했으면 더 좋았을 것이다.

그리고 모 가수의 노래가사에 '사람이 꽃보다 아름다워' 라는 구절이 있다. 물론 작사가의 주관적이고 개인적인 글이라고 하지만, 사람과 꽃을 전체적으로 비교했을 때 사람이 꽃에 비해 더 나은 것이 얼마나 되는가. 전체적으로 보면 한 치의 차이도 없이 다 평등하고 동등한 생물체이다. '사람이 꽃보다 아름다워' 라는 문구는 '사람도 꽃만큼 아름다워' 라든가 '사람도 꽃처럼 아름다워' 라고 했으면 더 좋았을 것이다.

이와 같이 한정을 하지 않고 일체 만물을 위해서 사는 것이다. 법당에 구애받지 않고 법당을 떠나서 일체중생을 향해서 불공을 하는 것이다. 부처님은 법당에만 있는 것이 아니다. 진실의 눈으로 보면 삼라만상이 다 받들고 모셔야 할 부처님이다. 눈에 보이는 것이 모두 부처님이고, 귀에 들리는 것이 다 부처님이다.

그래서 성철 스님은 1983년 종정법어에서 이렇게 말씀하셨다.

"집집마다 부처님이 계시니 부모님입니다. 내 집안에 계시는 부모님을 잘 모시는 것이 참 불공입니다. 거리마다 부처님이 계시니 가난하고 약한 사람들입니다. 이들을 잘 받드는 것이 참 불공입니다. 발밑에 기는 벌레가 부처님입니다. 보잘 것 없어 보이는 벌레들을 잘 보살피는 것이 참 불공입니다. 머리 위에 나는 새가 부처님입니다. 날아다니는 생명들을 잘 보호하는 것이 참 불공입니다. 넓고 넓은 우주, 한없는 천지의 모든 것이다 부처님입니다. 수없이 많은 이 부처님께 정성을 다하여 섬기는 것이 참 불공입니다(『자기를 바로 봅시다』, 성철)."

스님 말씀대로 진정한 불공은 법당에만 있는 것이 아니다. 부모님을 잘 모시는 것이 불공이고, 가난하고 약한 사람들을 보살피고 도와주는 것이 불공이고, 아무리 작은 미물이라도 함부로 하지 않고 보살피는 것이 불공인 것이다.

건전한 사회참여도 좋다. 약자의 입장이 돼서 그들을 보호하고 옹호하는 자리에 서는 사회활동이나 환경운동은 좋은 불공이다. 하지만 너무 욕심이 과해서 정치하는 곳을 기웃거리고 권력 주위를 맴돌게 되면 문제가 심각해진다. 얼마 전 국회의원 선거에서는 어느 특정한 종교단체가 정당을 만들어서 나온 것을 보고 깜짝 놀랐다. 분명히 종교와 정치는 분리되어야 한다. 종교가 정치 주위를 기웃거린다면 그것은 불공이 아니고 타락이라고 볼 수밖에 없다.

그러면 '모든 것이 다 부처라고 했는데 잡초도 뽑지 말아야 되고 밭에 살충제도 뿌리지 말아야겠네요' 하고 질문하는 사람도 있을 것이다. 하지만 우리도 살아야 하니까 구제를 할 것은 해야 한다. 그것들이 필요 없고 쓸모가 없는 것들이라서 뽑고 죽이는 것은 아니다. 뽑지 않고 농약을 하지 않는 방법이 있다면 그것이 최선의 방법일 것이다.

사람인 이상 위기의 상황에서 부처님께 매달리며 개인 불공을 하는 것은 지극히 정상적인 것이다. 하지만, 평상시에는 나를 넘어서 모든 사람들이 잘되고 성불하라고 기도해야 한다. 우리가 가야 할 지향점은 일체중생을 향한 불공이다. 늘 그 마음을 잊지 말고 무엇을 하든지 이웃에 봉사하고 베푸는 것이 진정한 불공이라는 것을 잊어서는 안 된다.

쓸모없는 것이란 없다

스페인의 작가이자 찰학자인 발타자르 그라시안은 이런 말을 했다.

"지인(知人)들의 결점에 익숙하여라. 그래야 할 의무가 따를 때는 어쩔 수 없다. 주위에는 우리가 더불어 살 수 없는 끔찍한 성격을 가진 사람들이 있다. 그러나 그들이 없어도 살지 못한다. 그렇다면 마치 추한 얼굴에 익숙해지듯 그들의 결점까지도 익숙해지는 것이 현명하다(『세상을 보는 지혜』, 발타자르 그라시안)."

요즘을 사는 사람들에게 가슴에 와 닿는 이야기다. 세상은 내 맘에 맞는 사람만 사는 곳이 아니다. 어떤 때는 내 주위로 온통 맞지 않는 사람들로 가득할 때도 있다. 그렇지만 그 사람들이 다 필요하고 중요하니 적응하고 결점을 이해하며 살아가라는 말이다. 그런 사람들이 싫다고 해서 다

버리고 떠난다면 그는 끝내 사회에 적응하지 못하고 낙오자가 되고 말 것이라는 경고도 들어있다.

사람들은 툭하면 나누기를 좋아한다. 식물과 동물, 남과 북, 좋아하는 사람과 싫어하는 사람, 부자와 가난한 자, 화이트 칼라와 블루 칼라 등으로 수도 없이 차별을 두고 이분법적 논리로 나눈다. 마음 속으로 꼭 필요한 것과 불필요한 것으로 차별을 두고 선을 그어버린다. 그러면 끝이다. 한번 마음 속에 들어간 고정관념은 쉽게 사라지지 않고 영원히 그 마음을 지배한다.

그러나 세상에는 쓸모없는 것이란 아무것도 없다. 세상에 태어난 이상 다 귀중하고 중요하고 소중한 생명인 것이다.

다윗왕은 어느 날 전쟁 도중 적군에게 포위되고 말았다. 그는 동굴을 하나 발견하고 재빨리 그 안으로 숨었다. 동굴의 입구에는 마침 거미 한 마리가 거미줄을 치고 있었다. 이윽고 그를 추격해온 적의 병사는 동굴 입구에 거미줄이 쳐 있는 것을 보고 그냥 돌아갔다. 그래서 그 위험을 피할 수 있었다.

이제 다윗왕은 적장의 칼을 훔쳐 자기의 용맹을 과시하고 싶었다. 그래서 어느 날 밤 적장의 침실로 잠입했다. 간신히 적장의 침실에 숨어들기는 했지만, 칼이 장군의 다리 밑에 깔려 있었기 때문에 도저히 빼낼 방법이 없었다. 여러 번의 시도가 실패로 돌아가자 그만 단념하고 돌아가려고 하였다. 바로 그때 모기 한 마리가 날아와서 장군의 다리 위에 앉더니 피를 빨았다. 적장은 다리를 들어 가려운 부분을 긁었다. 그 순간 다윗왕은 칼을 빼내는데 성공했다.

다윗왕의 무용담은 이스라엘의 정신적 지혜서인 『탈무드』에 있는 이야기다. 거미가 목숨을 구하고, 모기가 뜻을 이루는데 가장 큰 일조를 한 것이다. 다윗왕도 처음에는 그런 곤충들을 하찮고 쓸모없는 것들로 치부했다. 하지만, 그 이후로 생각을 바꿨음은 당연한 일이다.

우리는 작고 힘이 없다고 해서 작은 곤충들을 무시하고 업신여기는 마음을 가진다. 그들을 잡아 장난을 치고 심지어 막대기로 때리기도 한다. 그러나 그들도 엄연한 생명체요 한 생명으로서 당당하게 삶을 영위하고 있는 것이다. 그런 작은 생명체들도 우리들에게 도움을 주고받으며 살고 있으니 인간만이 최고라는 생각은 버려야 할 것이다.

중국 제(劑)나라에 맹상군(孟嘗君)이라는 인물이 있었다. 맹상군은 자기 집의 전 재산을 털어 천하의 식객들을 불러 모아 그 수가 수천 명을 넘었으며, 그의 집은 항상 붐볐다. 심지어 죄를 지어 도망 온 자들까지 모여들었으나 맹상군은 귀천의 차별이 없이 대우했다.

맹상군은 진나라에 갔다가 그 나라 신하들의 꼬임에 빠져 옥에 갇혀 죽을 위기에 처했다. 궁지에 몰리게 된 그는 사람 하나를 소왕이 총애하는 후궁에게 보내 풀어줄 것을 간청했다. 그러자 후궁은 맹상군이 가지고 왔던 흰여우 가죽옷을 가지고 싶다고 하였다. 값이 천금이나 나가는 그 여우 가죽옷은 이미 진나라에 들어올 때 왕에게 바치고 없었다. 어떻게 해 볼 방법이 없어 고민에 빠져 있는데, 그를 따라온 개 도둑 출신 식객 하나가 자기가 그것을 훔쳐오겠다고 하였다. 마침내 개 도둑은 실력을 발휘해 여우 가죽옷을 훔쳐왔다. 그것을 후궁에게 바치자 그녀는 소왕에게 맹상군을 풀어달라고 졸라댔고 덕분에 풀려날 수 있었다.

맹상군은 풀려나자마자 통행 증명서도 바꾸고 급히 달아나 한밤중에 국경 근처에 도착하였다. 한편 진나라 왕은 뒤늦게 속은 것을 알고 군대를 풀어 그들을 뒤쫓게 하였다. 맹상군은 국경에 도착했지만 닭이 울기 전에는 성문이 열리지 않아 나갈 수가 없었다. 그때 식객 중에 닭 울음소리를 잘 내는 자가 있었다. 그가 닭 우는 흉내를 내자 부근의 닭들도 새벽이 온 줄 알고 화답하듯이 모두들 울었다. 드디어 성문이 활짝 열리고 일행은 무사히 빠져나올 수가 있었다.

닭 울음소리(鷄鳴)와 개 도둑(狗盜) 때문에 맹상군이 목숨을 건진 것으로부터 계명구도(鷄鳴狗盜)라는 고사성어가 생겨났다(『사기』1, 사마천).

사람마다 특별한 재주는 다 하나씩 가지고 있는 것이다. 훌륭한 리더는 그 특성을 살려 적재적소에 사람을 쓸 줄 안다. 맹상군은 훌륭한 리더였다. 그는 많은 사람들의 장단점을 잘 알고 있었고 단점까지도 다 포용하고 사귀었기 때문에 이런 어려움에 처했을 때 그 도움으로 벗어날 수 있었던 것이다.

우리 주위를 둘러보면 여러 종류의 사람들이 살고 있음을 알 수 있다. 주먹깨나 쓰는 사람도 있고, 정치인에 빌붙어서 사는 사람들도 있고, 엘리트 코스를 밟아서 성공한 판사나 공무원도 있다. 화만 났다 하면 성질이 불같은 사람도 있고, 법이 없어도 살 만한 착한 사람도 있다. 건강한 사람도 있으며 사고로 장애를 가진 사람도 있다. 그래도 다 맞춰가며 살아간다.

요즘 세상에 범죄사실도 없고 남들에게 욕도 한번 안 얻어먹고 과거도 현재도 오직 정직하게만 살고 있는 사람들만 만나겠다고 한다면 아마 사회에서 살아가기 힘들 것이다. 살아오다 보면 본의 아니게 욕도 얻어먹고 싸우기도 하고 그 싸움으로 인해 벌금도 물 때가 있을 것이다. 그 사람이 비록 전에 행실이 좋지 않았지만, 현재는 마음을 고쳐먹고 잘 살고 있으면 얼마든지 친구가 될 수 있다. 죄는 미워하되 사람은 미워하지 말라는 말이 있다.

우리는 모든 것에서 배우면서 발전한다. 세상에 내 스승 아닌 것이 없다. 비록 거부감이 느껴지는 사람일지라도 배울 점은 있으며 좋은 면을 받아들이며 발전하는 것이다.

부처님께서는 차별심이 없으신 분으로 당시 불가촉천민이었던 이발사 우바리를 출가시키고, 부처님 자신까지도 해치려고 한 살인자 앙굴리마라를 바른 길로 제도하여 제자로서 받아주었다.

세상은 진흙탕 속이다. 그 진흙 속에는 지렁이도 있고 썩어가는 낙엽도 있으며 씨앗도 있다. 썩은 물도 섞여있으며, 외부에서 들어온 쓰레기도 있다. 그 속에서는 내가 최고이고 잘났다는 생각은 버려야 한다. 그 속에서는 경쟁 대신 서로 도움을 주며 더불어 살아야 한다. 진흙탕은 모든 것들을 다 받아들여 포용하며 소화해서 싹을 틔운다. 그리하여 찬란하고 우아한 연꽃으로 피어난다.

분별심을 버려야 한다. 저 하늘에 흐르는 구름과 바람, 길가의 잡초들과 파리, 모기들이 다 하나같이 중요하다. 세상에 쓸모없는 것이란 아무 것도 없다.

자식의 도리 효도

러시아의 소설가 투르게네프는 사냥을 무척 좋아했다고 한다.

어느 날 사냥에서 돌아와 정원을 걷고 있는데, 사냥개가 무엇을 발견하고 앞으로 달려갔다. 투르게네프가 보니 둥지에서 떨어진 노란 참새 새끼 한 마리가 날갯죽지를 펄럭이면서 발버둥치고 있었다. 사냥개가 그 참새 새끼를 물려는 순간, 나무에 앉아서 이 광경을 지켜보고 있던 어미 참새가 갑자기 사냥개에게 맹렬하게 돌진해왔다. 뜻하지 않은 사태에 놀란 사냥개는 뒤로 물러섰고 이후로도 그 참새 어미는 세 번이나 공격을 했다. 결국 너무 지쳐버린 어미 참새는 땅에 떨어져 기절하고 말았다. 평소 사냥터에서는 그렇게 용감하던 사냥개도 새끼를 구하기 위해 목숨을 걸고 달려드는 성스러운 어미 참새의 마음을 알았는지 슬슬 뒤로 물러서서 꼬리를 내렸다.

이 광경을 지켜보던 투르게네프는 큰 감명을 받아 훗날 이렇게 썼다.

'나는 그 어미 참새의 용기를 통해 무한한 사랑의 위력을 배웠다, 사랑은 죽음보다도 죽음의 공포보다도 강하다는 걸. 그리고 그와 같은 사랑에 의하여 인간의 삶은 유지되며 끝없이 발전한다는 것을 깨달았다.'

그런 일이 있은 후에 투르게네프는 그렇게 좋아하던 사냥을 그만 두었다고 한다.(『세상에서 가장 지혜로운 101가지 이야기』, 이종주)

자식에 대한 부모의 사랑은 계산적이고 상대적이 아닌 무한하고 끝이 없는 것이다. 자식에 대한 사랑은 이처럼 동물이나 사람을 가리지 않는다. 그런 모습을 보며 우리는 부모님의 자식에 대한 조건 없는 무한한 사랑에 감동한다. 그 사랑은 죽음보다도 강철보다도 더 강한 것이다. 그렇지 않고서는 어찌 어미 참새가 대적이 되지 않는 사냥개에게 덤벼들 마음을 가질 것인가.

부처님께서는 부모님께서 낳아주신 은혜에 대해서 이렇게 말씀하셨다.

"부모의 중한 은혜는 이루 말할 수 없다. 만일 어떤 효자로 하여금 부모의 은혜를 갚게 하려면, 오른쪽 어깨에는 아버지를 얹고 왼쪽 어깨에는 어머니를 얹은 뒤에 태어나면서부터 자랄 때가지 백 천 겁 동안 천지를 돌아다녀도 그 부모의 하루의 은혜를 갚지 못할 것이다. 왜냐하면 부모는 내 몸을 기르고 내 마음을 열어주어 광명을 보게 하였고, 진자리 마른자리를 가리면서 때때로 보살펴 주었기 때문이다. 그러므로 아무리 효자라도 그 은혜의 백분의 일도 갚지 못할 것이다."(『출요경』)

또한 『부모은중경』에 보면 부모님의 열 가지 은혜가 나온다.

첫째는 아기를 배어서 수호해 주신 은혜, 두 번째는 해산에 임하여 고통을 받으신 은혜, 셋째는 자식을 낳고서 근심을 잊으신 은혜, 넷째는 입에 쓴 것을 삼키고 단것이라면 뱉어서 먹이시던 은혜, 다섯째는 마른자리는 아기에게 돌리시고 스스로는 젖은 자리로 나아가신 은혜, 여섯째는 젖을 먹여 기르시는 은혜, 일곱째는 부정한 것을 깨끗이 씻어주신 은혜, 여덟째는 자식이 먼 길 떠나면 염려하고 생각하신 은혜, 아홉째는 자식을 위하여 나쁜 일을 감히 하시는 은혜, 열 번째는 끝없이 자식을 사랑하는 은혜이다.

부모는 자식을 위해서는 모든 것을 아끼지 않고 다 베푼다. 그러나 장성해서 밖으로 나간 자식들은 부모의 은혜를 잊어버린다. 그렇게 키워주는 것을 당연하게 여기고 고마움을 모르는 것이다.

옛날에는 자식들이 아침저녁으로 문안인사를 올리고, 이불 밑에 손을 넣어 방은 따뜻한가 추운가를 일일이 확인하곤 했다. 그때는 대가족 시대라서 효도하는 부모님을 보면서 효도 교육이 자연스럽게 이루어졌다.

그러나 현대 사회는 그렇지 못한 것이 사실이다. 시대는 변하여서 어떤 부모는 아들이나 며느리의 눈치를 보는 시대가 되었다. 옛날에 가장 중요한 것이 나라에 충성하고 부모에 효도하는 것이었다면, 요즘에는 무조건 돈 버는 것이 최고인 시대가 되었다. 돈이라면 부모도 버리고 가족 간의 의리도 저버리는 시대가 되었다. 어떤 가정은 재산의 상속 문제 때문에 형제끼리 소송을 걸기도 하고, 어떤 집안은 아버지와 자식이 재산 문제 때문에 소송을 거는 모습을 봤다. 그것을 보며 세상 참 말세라는 생각을 한다.

우리는 더 많은 재산을 주지 못한 부모를 한탄하고, 더 가르치지 못한 부모를 미워한다. 배우지 못한 부모가 창피스러워 부모님 학력을 속이고, 일하다 몸이 다쳐 불구가 된 아버지를 부끄러워한다. 그리고 나이가 들어 늙은 부모를 업신여긴다. 제자식이 장난치고 놀면 같이 손뼉 치며 웃으면서, 어쩌다가 부모님이 불러 훈계하면 싫어하고 반발한다. 자기 자식을 위해서는 몇 십만 원 하는 비싼 장난감이나 동화전집을 한 보따리씩 사오지만, 부모님이 좋아하시는 옥수수나 순대 같은 몇 천원 어치 음식을 사는데도 인색하다.

부처님께서는 아버지 정반왕이 운명하자 직접 상여를 짊어짐으로서 효를 강조했고, 『부모은중경』 같은 경전에는 효도의 중요성을 누누이 이야기하고 있다.

얼마 전에 나는 『부모님 살아계실 때 꼭 해드려야 할 45가지』라는 책을 읽었다. 나는 그 책을 읽으면서 몇 번인가 눈시울을 적셨던 기억이 있다. 내가 살아가면서 못해준 것들이 너무 많았기 때문이다

한번 자신을 뒤돌아보자.

나는 부모님이 정말로 좋아하는 음식이 무엇이며 가끔씩 그것을 챙겨드린 적이 있는가. 아직도 살은 잘 안 먹고 생선뼈만 붙은 것을 좋아한다고 생각하는가. 아직도 어머니는 먹다 남은 음식만 좋아한다고 생각하는가. 이제는 자식들도 그 마음을 알 것이다. 이제는 그 마음을 이해한다면 자식들만 데리고 가서 피둥피둥 살만 찌게 먹이지 말고 이제는 부모님도 모시고 가서 외식도 자주 시켜드리자.

어떤 사람은 부모가 자기를 잘 가르치지 못해서 이 모양 이 꼴이 됐다고 푸념하는 사람도 봤다. 그리고 부모가 형편없는 직업을 가진 것을 창피하게 생각하고 숨기는 것을 보았다. 부모의 거친 손을 싫어하는 사람도 보았다. 그러나 그 거친 손이 다 우리를 먹여 살렸다. 부모님의 가장 정직한 노동으로 우리를 먹여 살린 것이다. 이제는 인생을 힘들게 사느라고 나무토막처럼 변한 부모님의 손을 한번 꼭 잡아드리자.

수시로 용돈을 드리고 자주 안부 전화를 하자. 부모님 돌아가시기 전에 직접 모시고 다니며 여행이라도 시켜드리자. 부모님 목욕탕에 모시고 가서 때도 밀어드리자.

효도는 우리가 당연히 이행해야 할 실천덕목이자 인류의 도리이다.

주인의식 하인의식

내가 십대 중반 무렵

어느 겨울날 김제평야에 간 적이 있었다. 주위의 산들이 바람을 막아주는
산촌에 살다가 바람박이 하나 없는 허허벌판에 처음으로 나온 것이다. 겨
울의 김제평야는 매서운 칼바람이 불고 헛헛했다. 아무리 둘러보아도 집
한 채 보이지 않고 나 혼자 낙오된 기분이었다. 우리네 인생도 너가 첫 대
면을 한 그 겨울의 김제평야처럼 황량하고 낯설기만 하다. 설렘과 불안과
희망의 바람이 교차하는 또 다른 김제평야다. 어떤 이는 인생의 항로에서
낙오되기도 하고, 어떤 이는 당당하게 세상과 맞서서 자기의 지분을 획득
하고 세상을 이끌어가는 이들도 있다. 결국 인생에서는 어떤 마음가짐을
갖느냐가 가장 중요한 변수로 작용하는 것이다.

나는 임제(臨濟) 스님의 '수처작주 입처개진(隨處作主 立處皆眞)'이라는 말을 참 좋아한다. '언제 어디서나 주체적일 수 있다면, 서 있는 곳이 모두 참된 곳이다' 라는 뜻이다. 그 말은 주인의식을 가지고 살라는 것이다. 이왕에 할 바에는 끌려가지 말고 적극적으로 나서서 내가 주인이고 내 것이라는 생각으로 열심히 일하고 맛있게 밥 먹고 신나게 놀고 살라는 뜻이다. 물속에서 둥둥 떠도는 기름처럼 하인의 마음으로 살지 말고 주인의 마음으로 살라는 것이다.

한 흑인 소년이 백인이 탄 마차를 쉬지 않고 뒤따르고 있었다. 마차를 놓치면 험한 산길에서 길을 잃을 수도 있기 때문이다. 당시에는 흑인에 대한 차별이 심해서 백인들과 함께 마차를 탈수도 없었다. 여관에 드는 것도 허락하지 않아 밤에는 마차 옆에서 새우잠을 잤다. 그는 흑인을 위한 무료 학교가 있다는 말을 듣고 공부를 하기 위해 학교를 찾아가는 중이었다. 그 소년은 50여 일 동안 1000키로가 넘는 길을 걸어서 학교에 도착했다. 그의 몸은 이미 지칠 대로 지치고 발은 상처투성이였다.

그러나 흑인 소년에게 또 다른 난관이 닥친다. 학교에 입학하려면 추천해주는 사람이 있어야 했다. 그는 눈앞이 캄캄했다. 소년의 하소연을 들은 접수인은 그를 불쌍하게 여겼다. 그래서 추천인이 없으면 원래 안 되지만 교장선생님께 한번 말씀드려보겠다고 좀 기다리라고 하였다.

소년은 좀처럼 돌아오지 않는 접수인을 보며 교실 안을 둘러보았다. 먼

지투성이에 거미줄까지 있는 매우 더러운 교실이었다. 가만히 앉아서 기다리는 것보다는 청소를 하면서 기다리는 것이 낫겠다고 생각한 그는 팔을 걷어 부치고 청소를 시작했다. 천장의 거미줄을 걷어내고 책상위의 먼지를 쓸어냈다. 책상 안이나 바닥에 늘어져 있는 종이들을 모아 쓸 만한 것은 가려냈다. 청소가 끝날 때까지 사람이 오지 않자 이번에는 우리창을 닦고 창틀까지 청소했다. 그는 이제 책상을 쌓아올리고 그 위에 올라가 천장 구석구석을 깨끗이 닦았다.

그때 선생님 몇이 복도의 유리창을 통해 열심히 일하고 있는 소년을 들여다보고 있었다. 그는 조금도 눈치 채지 못하고 일에 푹 빠져 있었다.

이제 청소를 모두 마친 소년은 끝내 소식이 없자 낙담하여 돌아가려고 하였다. 그러자 교장선생님을 비롯한 여러 선생님들이 미소를 지으며 들어왔다.

"부커, 너를 기쁜 마음으로 우리 학교에 입학시키기로 하였다. 축하한다."

그리고 선생님들이 모두 박수를 치며 악수를 청했다. 성실한 그를 보고 선생님들이 대신 추천장을 써준 것이다. 소년은 너무나 기뻐서 감격의 눈물을 흘렸다. 이 소년이 흑인을 위한 대학을 세우고 교육에 평생을 바친 흑인 교육의 아버지 부커 워싱톤이다.

(『세상에서 가장 지혜로운 101가지 이야기』)

위의 이야기에서 보면, 부커는 학교가 내 개인의 것은 아니지만 우리 모두의 것이라는 생각으로 주인의식을 가지고 열심히 모든 일에 최선을 다했기 때문에 좋은 결과를 얻을 수가 있었다. 만약 부커가 공공건물이고 내 돈이 들어가지 않기 때문에 아무렇게나 막 써도 되고 부서져도 되고 전기세가 많이 나와도 나하고는 상관없다는 생각을 가졌다면 어떻게 되었을까. 그런 생각을 가졌다면 그는 굳이 일어나 청소하려 하지 않았을 것이고 그저 멍하니 앉아 기다렸을 것이다. 추천해주는 사람이 없어 입학이 안 됐을지도 모른다. 그리하여 배우지 못한 관계로 그날의 밥벌이를 걱정하며 최하위층을 맴돌다가 생을 마감했을 지도 모른다. 주인의식이 그를 살린 것이다.

내가 어느 절에 소임을 보고 있을 때이다. 그때는 늦가을이어서 절 앞의 은행나무 잎이 매일 떨어졌다. 절에는 잡일을 하는 부목처사가 있었는데 어느 날 아침에 마당에 나가보니 대나무를 들고 나가 은행나무를 마구 두들겨서 이파리를 따고 있었다. 왜 그러느냐고 물었더니 낙엽을 매일 쓸기 싫어서 미리 따서 없애려고 한다고 하였다. 나는 어처구니가 없었다. 일하기 싫다고 자연적으로 떨어지는 낙엽을 인공적으로 억지로 따고 통제를 하려하다니 말이 나오지 않았다. 그 처사는 원래 게으르고 힘든 일을 하기 싫어하기로 소문이 나 있었다. 낙엽이 떨어지면 기쁜 마음으로 청소를 하면서 가을의 정취를 만끽하면 좋을텐데, 부목처사는 마지못해서 인상을 써가며 청소를 하다가 그것도 싫어서 자연을 훼손하려 했던 것이다.

이것은 하인의식이다. 모든 일을 마지못해서 억지로 하고 게으름을 피우려 하고 될 수 있으면 힘든 일은 피하려 하고 몸을 사리는 것이다. 이렇게 인생을 사는 사람은 영원히 남의 밑에서 종업원이나 일꾼만 하다가 인생을 마칠 것이다.

내가 주인이라는 생각을 가지고 그 일을 즐기면서 기쁘게 하는 것이 주인의 삶이고, 무슨 일을 할 때 빙빙 돌면서 안착을 못하는 사람은 떠돌이 하인의 삶이다. 주인의 삶은 오직 앞만 보고 자기가 하고 싶은 일만 생각하며 살고, 하인의 삶은 지나온 과거를 회상하며 불평불만만 하며 사는 사람이다. 주인의식을 가진 사람이 성공하는 것은 당연한 일이다.

상대에게 베풀고 배려하는 마음도 주인의 삶이다. 가난하더라도 남을 도와주려 하고 주려하는 마음을 가진 사람이다. 하인의 삶은 어디 공짜가 없을까 얻어갈 것이 없을까하는 생각만을 한다. 잘 베풀면 나중에는 그 열배 백배의 이익이 자기에게 돌아온다. 부부가 서로 배려하고, 이웃이 이웃을 배려하고 국민과 국가가 서로 배려하며 너의 일 나의 일이 아닌 우리 모두의 일이라는 생각으로 살아야 진정 주인으로 살아가는 삶이 되는 것이다.

행복도 노력해야 한다

　　　　　　긍정심리학자들은 육체적 건강을
위해 각종 운동을 하듯이 정신 건강을 지키기 위해서도 노력을 하는 것이
필요하다고 본다. 과학자들의 조사에 의하면, 사람들의 행복곡선은 대부
분 U자 형임을 알 수 있다. 20대 초반에 가장 높은 만족도를 기록했다가
42세 무렵의 장년층이 될 때까지 서서히 감소한다. 그러나 그때부터 60
세에 이르는 동안 행복지수는 점차 상승해서 20대의 가장 높은 수준에 다
시 도달한다고 한다.

　내가 보기에 사람들은 각자 선천적으로 호르몬에 따라 행복을 느끼는
강도가 서로 다른 것 같다. 주위에 보면 사사로운 일에도 짜증을 내고 화
를 내는 사람이 있는가 하면, 어떤 사람은 아무리 안 좋은 일이라도 바로
잊어버리고 금방 쾌활해지는 사람이 있다. 늘 쾌활한 사람은 복 받은 사

람들이라서 특별하게 노력을 하지 않아도 되겠지만, 유난히 짜증이 많은 사람들은 행복해지려고 노력해야 한다.

나 자신도 개인적으로 요즘에는 행복을 잊고 살 때가 많다. 전에는 허름한 토굴에서 산 적이 있었는데, 가진 것 없이 먹을 것도 변변치 못하게 살았지만 행복하게 살았던 기억이 지금도 생생하다. 반면 지금은 모든 것이 풍부하고 잘 갖추어져 있는데 오히려 행복을 잘 느끼지 못하고 있다. 어떤 때는 나도 모르게 짜증과 화가 날 때도 있다. 내 마음을 스스로 추스르지 못했다는 것이다. 그러면서 알게 모르게 세속의 습을 들여가고 있는 나 자신을 바라보며 깜짝 놀랄 때가 있다.

사람들은 안일함과 타성에 젖어 바로 지금이 행복이라는 것을 모르고 쉽게 지나친다. 알고 보면 숨을 쉬고 서로 마주보며 이야기하고 살아서 자연의 변화를 볼 수 있는 것도 다 행복인데 사람들은 이런 것들을 당연한 것이려니 하고 그냥 지나친다. 그러나 그것이 당연하지 않은 사람들도 아주 많다. 교통사고로 평생 걷지 못하고 휠체어에 의지해서 살아야 하는 사람, 병원에 입원해서 몇 년째 암 투병중인 사람, 눈이 안보여 아름다운 자연을 영원히 볼 수 없는 사람 등 우리 주위에는 병이나 사고로 고통 받는 사람들이 무수히 많다. 그런 사람들도 행복을 말하는데, 멀쩡한 신체로 공기를 마시며 산다는 것은 얼마나 행복한 일인가.

요즘에서야 느낀 것인데 행복도 노력해야 얻어진다는 의미가 이해가 간다. 우리는 의도적으로 행복해지기 연습을 해야 하는 것이다. 부처님께서도 행복해지기 위해서 아침마다 자비관(慈悲觀) 수행을 하셨다고 한다.

자비관은 나뿐만 아니라 주위의 모든 사람들이 행복하기를 바라며 하는 수행이다. 자비심이 많아짐으로 해서 다른 사람에 대한 미움과 증오심을 순화시킬 수 있다. 더 나아가 사회의 안녕과 행복을 추구하며 사랑과 친절함으로 이 사회를 보다 건전하게 만든다. 자비심은 탐욕과 미움, 절망, 고뇌의 속박에서 벗어나게 하는 수행이다. 결국 자비관 수행을 하면 우리는 행복해질 수 있는 것이다.

가족이나 인연 있는 사람이 사업시작이나 입시시험 같은 큰일을 앞두고 할 때는 옆에서 도와줄 수가 없다. 이럴 때는 자비관 수행을 통하여 마음을 청정하게 맑히고 청정한 기운을 그 사람에게 보내줄 때 모든 일들이 잘 풀어질 것이다.

자비관을 수행하려면 먼저 조용한 곳에서 편안한 자세로 정좌한다. 눈을 감고 자비를 몇 번 되풀이하여 발음하면서 마음 속에 그 뜻을 떠올린다. 그리고 행복감으로 빛나는 자기 자신의 환한 모습을 눈앞에 그려본다. 그리고 "내가 미움·번뇌·두려움에서 벗어나 행복하게 살 수 있기를" 하고 시간에 알맞게 암송하여 긍정적인 사랑의 염력으로 자신을 가득 채운다. 위의 문구는 경전 내용하고는 약간의 차이가 있고 나의 필요에 따라서 약간의 변경을 했다. 다른 사람이 이 수행을 할 때도 자기 스타일에 맞게 문구를 만들어서 해야 더 도움이 될 것이다. 다음은 자기가 존경하는 사람, 친근한 사람, 그저 그런 사람, 적대적인 사람 순서로 자비의 마음을 보낸다. 사람이 끝나면 동물이나 식물에게도 자비관을 행할 수도 있다. 이때 주의할 것은 눈앞에 떠올린 모습은 선명해야 하며, 실제로 마음이 대상을 향해서 나아가도록 힘을 실어야 한다. 만일 대상에 대하여 기원을 형식적으로 하면 아무 소용없다. 미워하는 사람이나 자신의 배우자와 같이 정이 깊은 사람은 맨 뒤에 해야 한다. 미움이나 부부간의 친밀함에는 자비를 때 묻게 하는 애증이 개입될 위험성이 있기 때문이다. 자비관을 하면 악몽을 꾸지 않고 잠을 잘 자며, 사람들에게 사랑을 받고, 신들이 보호하며, 얼굴빛이 맑고, 정신이 맑아져서 마음 집중을 잘 할 수 있다고 한다.

부처님께서도 행복해지기 위해서 노력했듯이 우리도 행복해지기 위해서 노력해야 한다. 행복해지기 연습은 여러 방법이 있다. 부처님께서 하셨던 자비관 수행을 할 수도 있고, 자기가 좋아하는 달리기나 등산을 열심히 할 수도 있으며, 맡은 바 분야에서 열심히 뛰어 성공해서 행복해질 수도 있다. 산야의 풀이나 나무에 관심을 가져 행복을 느낄 수도 있다. 그리고 자기만의 암시문 문구를 만들어서 날마다 외우며 행복해지기를 바랄 수도 있다. 예를 들자면 우울증이 있는 사람은 '빛나는 태양이 솟아오른다. 나는 늘 자신이 넘친다. 나는 날마다 모든 면에서 점점 더 좋아지고 있다’ 등 밝은 내용으로 만들 수 있다. 말이 씨가 된다고 자기 자신에게 좋은 소리를 계속 하다보면 정말 그렇게 된다. 암시문의 효과다.

가까이 있는 것에서 행복을 찾고 그것을 잡기 위해서 노력하면 우리는 언제나 행복한 삶을 살 수 있다. 행복은 멀리 있지 않고 내 주머니 속이나 자녀들의 웃음, 노력, 근면 속에 숨어있다. 지금 당장 행복이 어디에 있는가 내 주위를 한 번 둘러보자.

뜻을 세우면 이루어진다

강원도에 가면 한계령이라는 고개가 있다.
지대가 높아서 수시로 안개가 끼고 비가 내린다. 예측불허다.

인생의 길도 안개 자욱한 한계령처럼 앞뒤를 알 수가 없고, 쉽게 오르지 못하는 울산 바위처럼 험하다. 툭하면 돌부리에 걸려 넘어지고 잘못하면 오물 구덩이에 빠지기도 한다. 그래서 미국의 밀레이(F. V Milley)라는 시인은 「봄」이라는 시에서 '인생은 빈 술잔 주단 깔지 않은 층계' 라고 읊었다. 인생은 축복의 술이 넘쳐흐르고 나를 위하여 화려한 주단이 준비되어 있을 것 같지만 그렇지 않다는 것이다.

그렇다고 안개에 쌓인 한계령 정상에만 맴돈다면 우리는 지독한 안개에 취해서 헤어나지 못 할 것이다. 두 가지 방법이 있다. 하나는 포기하고 내려가는 방법이고 하나는 더 위로 올라가는 방법이다. 한계령을 내려가면 안개는 사라지지만 우리는 인생 패배자가 되어서 바닷가 주위의 할 일 없는 노인네가 될 것이다. 반대로 안개가 자욱하더라도 산을 더 올라 위로 올라가면 안개는 걷히고 찬란하고 청명한 날씨가 기다리고 있을 것이다.

모든 것은 우리의 생각에 따라 이루어진다. 마음이 움직여서 새롭게 보기 시작하면 돌덩이가 금덩이도 되고 다이아몬드도 된다. 마음 중에서도 할 수 있다는 굳은 의지는 총 지휘관이라고 할 수가 있다. 의지가 있다면 커다란 파도도 무섭지 않고 거친 비바람도 이겨낼 수 있다. 간절한 마음으로 염원하면 이루어진다.

옛날에 어떤 나라에 대의라는 사람이 있었는데 재물을 많이 모아서 어려운 사람들을 돕기로 서원을 세웠다. 그는 여러 나라를 돌면서 세상에서 가장 귀한 명월주(明月珠) 네 개를 얻었다. 그리하여 본국으로 돌아가려고 배를 타고 바다를 건너고 있었다.

그때 바다의 신왕(神王)들이 있어서 명월주를 빼앗자고 논의하고, 해신(海神)을 보내 사람으로 둔갑하여 대의를 만나게 하였다. 해신은 대의가 손을 펴고 네 개의 구슬을 보여주는 순간 손을 흔들어서 바다 속으로 빠지게 하였다.

그러자 대의가 말하였다.

"내가 힘들게 이 구슬을 얻어왔는데, 내 것을 빼앗으려 하니 내가 마땅히 바다의 물을 퍼내겠다."

그러나 해신은 결코 그렇게 하지 못할 것이라고 했다.

그러자 대의는 웃으면서 말했다.

"그동안 나는 전생에 수많은 생사(生死)를 받았다. 그 뼈를 쌓으면 수미산 보다 높으며 그 피가 흐른 것이 5하(河)와 4해(海)로도 족히 비유하지 못한다. 하지만 내가 오히려 생사의 근본을 끊고자 하는데, 다만 이 작은 바다를 어찌 퍼내지 못하겠느냐?"

그런 후 대의는 바닷물을 퍼내기 시작했다.

그러자 해신은 대의의 확고한 주관과 의지를 알고 놀라 구슬을 돌려주었다. (『불설대의경』, 한글대장경, 축약)

주인공의 확고한 의지가 되지 못할 일도 이루어낸다는 이야기다. 우리의 의지만 있으면 못할 일이 없다. 지금은 기술이 발전해서 바다를 매립해서 섬을 하나 만들기도 하고, 바다의 밑을 뚫어서 수백리 길을 낸다. 마음만 내면 무슨 일이든지 할 수가 있는 시대가 된 것이다.

『열자(列子)』에 보면 위의 바닷물 이야기와 비슷한 이야기가 하나 나온다. 겉으로 보기에 무모할 것 같은 일을 해내는 노인의 이야기다.

커다란 두 산이 둘러싸고 있는 계곡에 한 늙은이가 살고 있었다. 그는 늘 불가능할 것 같은 엉뚱한 계획을 세워서 마을 사람들은 그를 어리석은 늙은이라는 뜻의 우공(愚公)라고 불렀다. 우공이 살고 있는 마을은 워낙 높은 산으로 둘러싸여 있어서 밖으로 나가려면 큰 산을 빙빙 돌아서 먼 길을 다녀오지 않으면 안 되었다. 그래서 우공은 산을 깎아서 평평하게 만들려고 하였다. 그래서 우공과 그의 아들과 손자는 다음날부터 땅을 파기 시작했다.

마을에는 지수라는 노인이 있었는데, 우공을 찾아가 어리석음을 지적하고 말렸다.

그러자 우공이 말했다.

"산을 옮기다가 내가 죽으면 내 아들과 손자가 계속 옮길 것이고, 그 아들이 죽으면 그 아이들의 자손이 계속 옮기면 되지요. 자손은 대를 이어 계속 태어나지만 산이야 더 늘어나지 않을 것 아니오. 그러니 언젠가는 평평해 지지 않겠소?"

우공의 대답을 들은 지수는 할 말이 없었다. 마을 사람들이 미친 짓을 한다고 다 비웃었지만 우공은 묵묵히 하던 일을 계속 했다.

그러자 이번에는 산을 지키는 산신령이 당황해서 옥상황제에게 보고했다. 우공이 산을 옮기고 있다는 보고를 받은 옥상황제는 우공의 정성과 인내심에 감동해서, 어느 날 밤 거인 두 명을 내려 보내서 산 하나는 동쪽으로, 다른 하나는 남쪽 끝으로 옮겨놓도록 했다. 다음날 마을 사람들이 나가보니 어제까지만 해도 앞뒤를 가로막고 있던 산이 사라져 평평하게 길이 뚫려 있었다.(『열자(列子)』탕문(湯問)편)

겉으로는 어리석게 보이는 불가능할 것 같은 일도 꾸준히 끝까지 한다면 아무리 큰일이라도 할 수 있다는 이야기다. 그래서 우공이산(愚公移山)이라는 고사성어가 생겨났다.

우리는 초등학교 다닐 때 소원을 물으면 대통령이나 판사, 장군 등 그 포부가 대단하다. 다시 중학교나 고등학교에 가서 물어보면 꿈의 크기가 줄어들고 현실화된다. 그러다가 대학교에 가서 물어보면 말을 하지 못한다. 이윽고 말하기를 그의 소원은 안정되고 봉급을 많이 주는 회사에 취직하는 것이라고 말한다. 세상의 현실에 막혀서 작은 꿈도 쉽지 않음을 깨달은 것이다.

그러나 문제는 세상이 아니다. 본인의 마음이 세상과 접촉을 하면서 움츠러들고 작아져서 그리 된 것이다. 세상은 그대로 있는데 내 마음이 줄어든 것이다. 내 배포와 내 용기와 내 의지가 작아진 것이다.

위의 이야기의 주인공인 대의나 우공이라는 노인은 거의 불가능할 것 같은 일도 포기하지 않고 굳은 의지를 가지고 당당하게 맞섰다. 나는 하겠다, 나는 어떤 일이 있어도 기필코 해내겠다는 꿈과 희망이 있었던 것이다.

역사상 위대한 위인들은 불굴의 의지를 기본적으로 가지고 있었다. 그들에게는 역경이 오히려 분발하는 계기가 되었다. 그들은 역경이 오자 오기가 생겨서 더 열심히 했다. 역경을 즐겼다. 머리가 둔해서 따라갈 수 없는 일이라면 남들보다 열배 백배를 더 해서 따라갔고, 눈으로 보지 못하고 귀로 못 들었지만 손의 촉감으로 공부하고 발로 그림을 그렸다.

부처님도 생로병사의 고뇌를 짊어지고 출가해서 도를 이루었다. 데바닷타라는 제자로부터 배반을 당하여, 술 취한 코끼리의 공격을 당하기도 하고, 계곡 위에서 굴린 돌에 맞아 발등에 상처를 입기도 하셨다. 살인자 앙굴리마라로부터 살해 위협을 받지만 부처님의 덕화로 그를 굴복시키고, 수많은 외도로부터 도전과 비방을 받지만 그때마다 이겨내고 부처님께서는 누구도 오를 수 없는 커다란 거봉이 되셨다.

진주는 처음 상처에서부터 시작한다고 한다. 조개는 상처가 난 곳을 치료하기 위해서 집중적으로 물질을 내보내고 그것이 뭉쳐서 영롱한 진주가 되는 것이다. 역경의 상처는 우리에게 스승이다. 아문 상처에서는 영롱하고 화려한 꽃이 피어난다.

세상에 불가능이란 없다. 다만 우리의 마음이 불가능할 뿐이다.

낙엽은 지면서 새 눈을 남긴다

미국에서 시작된 집값 폭락의 여파가
도미노처럼 퍼져서 세계 각국이 극심한 어려움을 겪고 있다. 대기업들이
직원을 감축하고 생산량을 줄이자 대기업의 하청을 받아 사는 작은 회사
들은 큰 충격을 받고 도산을 하고 있다. 더구나 매스컴이나 신문에서는
연일 우울한 뉴스만 쏟아내고 있다.

날씨까지 춥고 눈보라가 휘몰아치니 사람들의 마음은 더 춥다. 발은 종
종걸음이고 고개는 푹 쳐져있다. 얼굴에는 온통 걱정으로 가득 차 있다.
어떤 사람은 대학 다니는 자식 학비 걱정을 하고, 어떤 사람은 딸이 결혼
해야 하는데 만만찮은 혼수 문제 때문에 걱정하고, 어떤 사람은 실직을
하게 돼서 어둡다. 늘 근심 걱정이다.

우리는 지금 어려운 시기를 지나가고 있는 것만은 확실한 것 같다. 그

렇다고 해서 마냥 고개만 숙이고 비관하며 살 필요는 없다. 이 어려운 시기가 지나면 분명히 좋은 시절은 찾아올 것이기 때문이다. 희망을 가지는 것은 중요한 일이다. 지구가 멸망하더라도 한 그루의 사과나무를 심겠다고 했던 철학자 스피노자의 말처럼, 우리도 마음속에 해바라기를 심고 꽃나무를 심어야 한다.

잠시만 마음을 평온하게 하고 주위의 나무들을 둘러보자. 자세히 보면 가지마다 새눈이 무수히 나 있다. 봄에 희고 고운 꽃을 피우던 백목련도 가을이 되면 커다란 이파리들을 다 떨어뜨린다. 하지만 잎이 진 가지의 우듬지마다 은빛 새눈이 자라고 있다. 낙엽은 떨어질 때 새눈을 남기고 떨어진다. 자기 삶을 다 살고 낙엽이 되어서 떨어지지만 그것으로 끝이 아닌 것이다. 매사에 부정적인 사람은 떨어진 낙엽만 보고 슬퍼하고, 진취적인 사람은 가지에 매달린 새눈을 바라보며 희망을 생각한다.

경기가 어렵고 세상 살기가 팍팍해지니까 요즘 다시 종말론이 대두되고 있다. 옛날에는 주로 종교인이 주도가 되어 이끌었는데, 요즘에는 일반 사람들이 주도하고 있다. 음양설이나 고대 자료에서 나온 괘 등을 근거로 하기도 하고, 현재의 물질만능주의나 환경오염 등의 자연파괴를 예로 들고 있다. 자기 나름대로 앞날의 상황을 해석하고 위기임을 알아 산으로 피하고 있다고 한다. 그러나 확실한 근거와 자기 주관도 없이 부정적인 주위 사람들의 말만 듣고 덩달아 거기에 편승하면 문제가 심각해진다.

어느 때 서쪽 바닷가 가까운 곳에 베루바나무 숲이 있었다. 거기에 토끼 한 마리가 살고 있었는데 어느 날 먹을 것을 가지고 돌아와서 나무 밑에 누웠다가 이렇게 생각하였다.

'만일 이 대지가 무너지면 나는 어디서 살까?'

그 순간 잘 익은 베루바 나무 열매가 툭 떨어졌다. 토끼는 그 소리를 듣는 순간 대지가 무너지는 소리라고 생각하고 뒤도 돌아보지 않고 뛰어 도망갔다.

죽을 힘을 다해 달아나는 것을 본 다른 토끼가 물었다.

"여보게, 뭐가 그리 무서워 도망치는가. 대체 왜 뛰는 거야?"

"자꾸 묻지 말게, 이 세계가 무너진단 말이야."

이 모습을 본 다른 토끼가 죽을 힘을 다해 도망쳤고, 이 모습을 본 다른 토끼들도 도망쳐서 결국 10만 마리의 토끼들이 한꺼번에 내달리기 시작했다. 그 다음에는 사슴과 돼지가 세계가 무너진다는 소문을 듣고 도망쳤다. 다음에는 소와 물소, 호랑이들이 듣고 내달리기 시작했다.

그때 사자 한 마리가 수많은 짐승들이 한꺼번에 도망치는 것을 보았다. 사자는 세계가 무너진다는 것은 상식적으로 있을 수가 없는 일이며, 서둘러 밝혀내지 않으면 저들은 바다에 빠져서 다 죽게 될 것이라고 생각했다.

사자는 언덕에 올라 큰소리로 포효를 하자 다른 짐승들은 그 소리에 놀라 다들 멈추었다. 그런 뒤에 사자는 누가 세계가 무너진다고 소문을 냈는지 진상을 파악하여 갔다. 코끼리에게 물어보니 사자가 안다고 하였고, 사자에게 물어보니 호랑이가 안다고 하였다. 이렇게 되짚어 올라가니 처음의 토끼까지 올라가게 되었다. 토끼는 맨 처음에 들었던 세계가 무너지는 '툭' 소리의 상황을 낱낱이 고하였다. 그리하여 실제로 그 장소에 무슨 일이 일어났는지 조사하러 갔다. 결국 그 소리는 열매 하나가 떨어진 소리임을 알게 되었다.

(『본생경』, 한글대장경, 축약)

부처님께서 전생에 동물의 왕인 사자가 되어 수행할 때 많은 동물들을 구한 이야기다. 경전은 마지막에서, 만약 그 상황에서 막지 않았다면 모든 동물들은 바다에 빠져 죽었을 것이라고 기술하고 있다.

지금 세계는 위의 이야기에서처럼 수많은 사람들이 바다를 향해서 뛰어가고 있는 형국이다. 너나할 것 없이 남들이 불안하고 위험하다고 하니까 모두가 세상 일 다 집어던지고 생각도 없이 한쪽으로만 뛰고 있는 것이다. 그것이 파국으로 가는 길이라는 것을 모른 채 전도된 생각에 빠져 있는 것이다. 이럴 때 진정한 영웅이나 리더가 빛을 발휘한다. 진정한 리더는 어려울 때가 발전하고 도약할 수 있는 기회임을 안다. 오히려 조용히 있던 사람이 어려움을 기회로 발판 삼아 우뚝 일어선다. 평상시에는 너무나 많은 경쟁과 견제로 그런 기회가 주어지지 않기 때문이다.

부정적인 생각은 더 큰 부정적인 생각을 낳는다. 아무리 어려운 상황이라 할지라도 아침은 밝아오고 태양은 떠오른다. 땅에 떨어진 낙엽만 보지 말고 나무 가지에 매달린 새눈을 보아라.

나는 얼마 전 기거하고 있는 곳에 수선화 알뿌리를 몇 개 구해서 심었다. 수선화는 강인한 꽃이다. 작고 연약한 이파리지만 단단하게 언 땅을 헤치고 나와 가장 먼저 꽃을 피운다. 영화 닥터 지바고를 보면, 영화가 절정에 다다를 즈음 춥고 황량한 시베리아 들판에 수많은 수선화들이 바람에 하늘거리는 모습을 볼 수가 있다. 그러다가 화면이 클로즈업 되면서 수선화 떼가 화면을 꽉 채울 때의 감동을 지금도 잊을 수가 없다. 영화에서처럼 폼은 안 나지만 내년 봄에 노란 수선화를 볼 수 있으리라는 생각을 하니 벌써부터 기분이 좋아진다.

거울 앞의 박새

얼마 전 나는 일이 있어서

시골 농가에 갈 일이 있었다. 집은 다 쓰러져가는 허름한 농가였고 아무도 살지 않았다. 나는 조심스럽게 문을 열고 마당으로 들어갔다. 그런데 우물가 근처에서 박새 한 마리가 부산하게 날아다니며 무언가를 열심히 쪼고 있었다. 우물가에는 오래된 거울이 하나 있었는데, 새는 거울에 비친 자기의 모습을 보며 돌진하여 쪼아대고 있었다. 거울 속의 새가 자기의 영역을 침범한 다른 박새로 보여서 그랬는지, 아니면 자기 자신에게 화가 났는지는 알 수 없으나 새는 주체를 못할 정도로 화가 잔뜩 나 있었다. 박새는 거울에 비친 자신에게 적의를 드러내며 계속해서 공격했다. 그 상황이 위태해 보여 멈춰보려고 가까이 다가갔어도 새는 멈추지 않았다. 거울을 얼마나 심하게 쪼아대던지 나중에는 부리가 휘어질 정도였고 지칠 때까지 멈추지 않았다. 그 광경을 보면서 웃어야 할지 그 어리석음을 꾸짖어야 할지 난감했다.

그러다가 우리 인간들도 저 박새처럼 어리석게 화를 내며 산다는 생각을 했다. 평상시에는 이성적인 사람으로 행동하다가 화가 나면 물불을 안 가리는 짐승으로 변하는 것이다. 어쩌면 사람도 거울 속의 자신을 향하여 돌진하는 저 박새와 다를 바가 없을지도 모른다는 생각이 들었다.

우리는 어떤 요인에 의해서 화를 낸다.

합리적이고 이성적인 사고가 전제된 화라면 사회생활을 하는 데 도움이 될 수 있다. 부모는 아이에게 잘못된 점을 지적하기 위해서 꾸중을 할 수 있다. 남편이 매일같이 술을 마시고 늦게 들어와서 가정생활이 힘들다면 아내는 남편에게 어느 정도 화를 낼 수 있다. 이것은 잘못된 길을 가는 사람에게 바른 길로 인도하기 위한 사전에 계산된 화이다.

하지만 지극히 감정적이고 무절제한 화는 우리를 황폐하게 만든다. 타인이 자기의 명예와 가치를 손상시켰을 때 우리는 흥분한다. 타인에게서 비난을 받거나 조롱을 당했을 때, 다른 사람에게 이용을 당했다는 배신감으로 치를 떨 때, 그때는 눈앞이 보이지 않는다. 그러면 신경은 곤두서고 아드레날린 수치는 증가하고 말은 거칠어지며 눈빛이 변한다. 최악의 경우는 상대를 공격하는 것이다. 그야말로 위험한 비상상황이 되는것이다. 특히, 술을 먹으면 우리는 더 비이성적이고 공격적으로 변한다.

화는 적대적이고 미운 사람에게 큰 타격을 주는 것 같지만, 오히려 나에게 더 큰 타격을 준다. 극단적인 화는 싸움으로 번지고 사람을 해치기도 하며 극한에는 자살로 이어지기도 한다. 화를 냄으로써 내 몸이 망가지고 내 마음이 상하고 나의 사회적인 이미지가 나빠진다. 화를 냈더라도 상대방이 받아들이지 않는다면 화는 모두 자신에게 부메랑이 되어 돌아온다. 이는 마치 화난 박새가 거울에 비친 자신의 모습을 보면서 계속 부리로 거울을 찍어대는 것과 같다.

근래에는 우리 절의 공양주들이 자주 다툰다. 다툼으로 끝나는 것이 아니라 악감정이 더해져서 나가는 사태까지 벌어진다. 그 내용을 들어보면 별일 아니다. 그러면 나는 보살들을 불러서 차를 주며 화해를 시킨다. 찻잔을 건네면서 마음을 낮추고 참아야 한다고 수시로 말하지만 화가 나면 소용없는가 보다. 요즘은 공양주 구하기가 힘든데 그런 일이 벌어지면 난감해진다.

징기스칸이 어느 날 사냥을 나갔다. 왕의 팔목에는 그가 가장 아끼는 사냥용 매가 앉아 있었다. 몽고는 나무가 거의 없는 들판이 많아 사냥을 하는데 매가 유용하게 쓰였던 모양이다. 돌아오는 길에 징기스칸은 너무 빨리 말을 달린 까닭에 호위하던 병사들이 미처 따라오지 못해 주위에는 아무도 없게 되었다.

말을 달리다가 심한 갈증을 느낀 징기스칸은 물을 찾았다. 주위를 둘러보니 바위 틈에서 물이 한두 방울씩 떨어지는 것이 보였다. 왕은 말에서 내려 얼른 물 잔을 꺼내어 물을 받았다.

물이 거의 차서 물 잔을 입으로 가져가는데 어디선가 징기스칸이 사랑하는 매가 날아와서 물 잔을 발로 차고 날아갔다. 왕은 매가 자기 팔목에 앉으려다 실수를 했나보다 생각하고 땅바닥에 떨어진 그릇을 다시 주워 물을 받았다. 다시 물을 마시려고 하는데 또 날아와서 그릇을 엎었다. 세 번째도 마찬가지였다. 평소의 징기스칸이라면 매가 왜 그러는지 의심을 했을 것이다. 그러나 화가 머리끝까지 난 징기스칸은 네 번째 물그릇을 엎으러 왔을 때, 단숨에 칼로 베어 죽여 버렸다.

그러는 사이에 물 잔을 놓쳐 깨뜨려버린 징기스칸은 하는 수 없이 물길을 따라 웅덩이를 찾았다. 물웅덩이를 발견한 징기스칸은 입을 대고 물을 마시려다가 웅덩이에 커다란 맹독성 독사가 죽어있는 것을 발견했다. 그야말로 아주 극소량만 몸에 들어가도 바로 독이 퍼져 죽어버리는 치명적인 독을 가진 뱀이었다.

그때서야 징기스칸은, 매가 주인이 뱀의 독이 들어있는 물을 먹지 못하게 하려고 물그릇을 계속 엎은 것임을 알게 되었다.

징기스칸은 죽은 매를 옆구리에 끼고 막사로 돌아와 금으로 그 형상을 뜨게 하고 한쪽 날개에 다음과 같은 문구를 새겼다.

'분노로 행한 일은 실패하기 마련이다.'

(『흐르는 강물처럼』, 파울로 코엘료)

칼로 세계를 제패하고 호령했던 영웅 징기스칸도 스스로의 화는 잘 다스리지 못했던 모양이다.

행동하고 나서 후회할 일을 우리들은 수시로 하고 있다. 태국의 아잔 차 스님은 모욕을 당했을 때의 대처법에 대해 이렇게 답한다.

"만일 누군가 그대를 개라고 부르면 화내지 말라. 그 대신 그대의 엉덩이를 살펴보라. 그곳에 개꼬리가 달려있지 않으면 그대는 개가 아니라는 뜻이다. 그것으로 문제는 끝이다."

(『술 취한 코끼리 길들이기』, 아잔 브라흐마)

너무 쉽고 간단하다. 스님의 말씀은 상대에게서 비난이 날아올 때, 바로 반응하지 말라는 뜻이다. 스님은 불처럼 반응하지 말고 바위가 되라고 한다. 설령 입에 담는 수없는 험담을 들을거라도 참으면 그대로 상대방에게 메아리가 되어 날아간다는 뜻이다.

화의 씨앗은 분노나 적개심, 오해, 욕망, 고통 같은 것들이 양분이 되어서 만들어진다. 결국 화는 내 자신이 마음을 잘못 써서 이루어지는 경우가 많다. 화 한번 잘못 내서 감옥에 가기도 하고, 친한 친구와 갈라서기도 하고, 부부간에는 신뢰의 금이 가기도 한다.

우리들 앞에는 각자의 거울이 놓여 있다. 어떤 사람은 거울 앞에서 자신을 비방하고, 어떤 사람은 거울 앞에서 자신에게 화를 내고, 어떤 사람은 거울 앞에서 자신을 보면서 웃는다. 내가 거울 앞에 선 어리석은 박새가 아닌가 한번쯤 돌아볼 일이다.

생활 속의 도

　　　　　　　　　　　　　얼마 전 건자재가 필요해서
읍내에 있는 건재상에 갔었다. 나는 이리저리 다니며 물건을 고르고 주문
했다. 그러다가 주인이 앉아서 철사를 고르고 자르는 동안 대화를 하게
되었다. 절에 대한 이야기가 나오고 사회생활에 대한 이야기가 나오고 그
러다가 사회봉사에 대한 이야기가 나왔다.

　건재상 주인은 나에게 말했다.

　"스님들은 참선하면서 화두를 들고 몇 달 동안 벽만 보고 있다면서요.
공부도 좋지만 그러면 언제 중생들을 제도하고 사회에 봉사를 하겠습
니까."

　나는 스님들도 화두를 들고 공부하는 과정이 필요하며 그 공부가 끝나
면 사회에 나와서 포교하고 봉사도 한다고 대답했다. 하지만, 왠지 모르

게 자꾸 말이 기어들어갔다. 사실 불교는 아직까지도 세상과 함께 호흡하는 데 있어 부족한 면이 많기 때문이다. 건재상 주인이 그런 말을 하는 것은 참선을 비판하는 것이 아니라 사회와 동떨어져서 사는 스님들을 우회적으로 비판한 것이다. 이 시대의 사람들이 공감하지 못하면 그것은 죽은 불교이며, 사람들에게 다가가 그들의 아픔을 어루만져주고 보듬어 줄 수 있어야 진정 살아있는 불교라고 할 수 있다.

건재상 주인은 말을 이어갔다.

자기는 건재상을 하고 그냥 장사를 하는 것 같지만 주위 사람들을 위해 베풀고 기여를 한다고 하였다. 첫째는 이 작은 소읍에서 빠짐없이 물품을 준비하고 가장 저렴하게 판매하여 사람들에게 기여를 하고 있다고 하였다. 둘째는 건축이나 생활에 필요한 거의 모든 건자재 물품이 있으니 사람들이 굳이 큰 도시에 나가지 않아 시간과 돈이 절약되고, 다른 가게들보다 이윤을 줄이고 더 싸게 파니 일반 사람들은 큰 이윤이라는 것이었다. 셋째는 몸이 아프고 힘들어도 주어진 주말 외에는 쉬지 않고 문을 여는 것은 다른 사람들을 위한 배려라고 하였다. 그러니 이것도 봉사요, 자비의 실천이라는 것이다.

듣고 보니 그 말도 맞았다. 보통 남들에게 봉사를 하겠다고 하면 거창하게 광고하고 후원받고 해서 모아진 것을 어려운 이웃에게 도움 준다. 하지만 그 건재상은 생활 안에서 조용히 작은 실천으로 봉사를 하고 있었던 것이다. 건재상 주인의 말에 나는 다른 토를 달 수 없었다. 그 날은 내가 법문을 한 것이 아니라 그 건재상 주인이 나에게 한수 가르쳐줬다.

사실 나는 출가할 무렵에 도(道)라는 것이 깊은 산속이나 어떤 비밀스러운 곳에 있는 곳으로 알았다. 스님이 되어서 깊은 산속에서 혼자 살아보기도 하고, 선원에서 참선도 해보고, 서울의 도심에서도 살아보았다. 그런데 도라는 것이 실상은 깊은 산속이나 엄숙하고 경건함 속에만 있는 것이 아니었다. 정작 도라는 것은 시끄러운 시장이나 술집 골목에도 있었고, 노점상이나 장사꾼의 삶에도 있었으며, 고뇌하는 농부나 기업인의 가슴에도 있었다. 어디에 살든지 마음을 바르게 쓰고 맡은 바 임무에 최선을 다하면서 그 자리에서 최선을 다하는 사람, 그 사람이 도를 실행하는 사람이라는 것을 안 것이다.

어떤 사람은 사회의 부조리와 불의에 항거하여 끝까지 싸우는 사람도 있다. 내 고향 친구는 어떤 불의에 항거해서 소송을 벌였다. 소송을 시작해서 지자 다시 상급법원에 항고를 하고 대법원까지 가서 마지막에는 패소했다. 그 소송을 하는 동안 몇 년이라는 시간이 걸렸다. 물론 겉으로 보기에는 바보 같은 짓으로 보일 수가 있다. 별것 아닌 것을 가지고 시간을 허비하고 정력을 허비하고 재물을 탕진했으니 주위 사람들은 좋은 소리를 하지 않았을 것이다.

그러나 나는 그렇게 생각하지 않는다. 세상에 별것 아닌 것이란 아무것도 없다. 사실 큰 것이란 별것 아닌 아주 작은 것에서 시작되기 때문이다. 그 친구는 정말 용기 있고 기백이 있는 사람이다. 일반 사람들 같았으면 다 중간에 포기했을 것이다. 돈 때문에 포기하고 불안한 미래 때문에 포기했을 것이다. 그 친구는 끝까지 포기하지 않았다. 비록 그는 소송에서 패소했지만 인생에서는 이겼다. 불의에 굴복하지 않은 그 친구는 도를 실행하고 있는 사람이다.

명장의 반열에 오른 이들은 한 가지 공통점이 있다. 그들은 한결같이 자신의 일에 존재를 건다. 평생 동안 나무만 만져서 목공예 명장에 오른 사람도 있고, 흙을 주무르는 것에 푹 빠져서 도자기를 만들다가 명장의 반열에 오른 사람도 있고, 수십 년 동안 은은한 소리가 좋아 종을 만들다가 명장의 반열에 오른 사람도 있다. 그 사람들의 손을 보면 하나같이 울퉁불퉁하다. 일을 너무 많이 하고 힘들고 어려운 과정을 거친 자국이 그 손에 다 나타나 있다. 남들이 수시로 일자리를 옮겨 다니면서 일할 때, 그들은 오직 수십 년 동안 한 가지 일에만 몰두했다. 한 가지 일에 모든 것을 걸었다. 그렇게 한 가지 일에 존재를 걸기란 쉽지 않다. 그 분야에서 최선을 다해서 최고가 된 명장들, 그들도 도를 실천하는 사람들이다.

항상 남을 먼저 배려하며 상생(相生)의 삶을 사는 사람들도 있다.

지금은 기름 값이 떨어지는 형국이지만 얼마 전에는 모든 원자재들이 폭등했었다. 유가 폭등과 원자재 값 폭등으로 너도나도 상품 값을 인상하던 그때, 오히려 값을 내리기로 했다는 훈훈한 소식이 들렸다. 경상도 어느 마을에서는 힘든 사람들과 고통을 분담하기 위해 열 집 정도가 모여서 자장면 값과 미용실 값 등을 내리기도 했다. 정말 훈훈한 소식이었다.

이런 사람들도 생활 속에서 도를 실천하는 사람들이다. 부처는 멀리 있는 것이 아니다. 대부분의 장사를 하는 사람들은 어떻게 하면 이윤을 더 많이 남길까를 고심하지, 더불어 다른 사람들에게 이익을 줘서 함께 상생하려는 장사꾼은 드물다. 내가 이 순간 올바르고 깨끗한 마음을 가질 때가 부처이고, 다시 마음이 변하여 탐내는 마음과 미워하는 마음과 어리석은 마음이 들어갈 때 중생이 된다.

그 반대의 경우도 있다. 얼마 전에는 기름 값이 상상을 초월해서 오르니까 주요소에서 기름의 양을 속여서 판 곳이 많았다. 주요소 미터기에 특별한 센서를 달아서 손님이 기름을 넣을 때 조금씩 적게 들어가게 했던 것이다. 그러면 하루에도 수백 명의 사람들이 기름을 넣고 그것이 쌓이고 쌓여서 일 년이면 수천에서 수억을 남긴다는 것이다. 저울 눈금을 속여서 이익을 극대화하는 것은 윤리 경영을 벗어난 삿된 생각이다.

지금은 그렇게 돈을 벌어서 재물이 금고에 돈이 쌓일지는 모르겠지만 자신의 인생 금고 속에 쌓여있던 복은 달아나고 악업만 쌓일 것이다. 그리하여 죽어서는 저울 눈금을 속인 죄로 가장 먼저 판결을 받고 지옥으로 떨어진다는 것을 잘 알아야 한다.

기이한 재주를 가지고 있다고 해서 도인이 아니다. 도라는 것은 거창하고 화려하고 신비한 것이 아니다. 도는 오히려 담담하고 담박하다. 남을 위해서 배려하는 마음이 도이고 얼굴 속의 미소가 도며 따뜻한 말 한마디가 도다.

지금 자리가 행복의 자리임을 깨닫고 그 자리에서 최선을 다하는 사람이 도인이다. 도라는 것은 멀리 있는 것이 아니고 사회생활을 하면서 얼마든지 실천하고 펼쳐나갈 수 있는 것이다.

3부

나만의
인생철학

모든 것은 다리 밑의 물이다

한 젊은이가 있었다.

그는 늘 지나간 일들에 대하여 집착하고 절망하고 괴로워하였다. 나는 왜 그때 그렇게 대처하지 못했을까, 나는 왜 그때 용기가 부족했을까, 나는 왜 지난 삶이 그렇게 무의미하고 싱거웠을까.

그러다가 그는 어느날 다리 위를 지나게 되었다. 그 밑으로는 강물이 쉼 없이 흐르고 있었다. 아이들은 강가에서 수영을 하면서 놀고 어른들은 낚시를 하고 있었다. 그는 한동안 다리 위에 서서 흐르는 강물을 물끄러미 바라보았다. 그때 아이들이 버린 물놀이 기구가 떠내려 오는 것을 보았다. 반쯤 찢어진 못 쓰는 빨간 튜브였다. 그 쓰레기는 빠른 속도로 밀려와서 쏜살같이 떠내려가 버렸다. 강물은 쉼 없이 채워 흐르고 있었던 것이다.

문득 그는 깨달았다. 모든 것은 다리 밑의 물이라고. 한 생각의 전환이었다. 그는 그 순간 자기가 인생을 잘못 살았다는 것을 깨달았다. 지금까지 과거에만 얽매여 살았던 자기 자신을 돌아보며 후회했다. 지난날의 고민과 좌절과 번뇌를 그 강물 위에 내려놓자 마음을 짓눌렀던 상념들이 순식간에 흘러가 버렸다. 모든 것들은 다 다리 밑의 물이었다. 모든 것들은 다 흘러가는데 그 자신만 지난 과거를 붙잡고 흐르지 않고 있었던 것이다. 그 후로 그는 생각을 달리 하게 되었다. 그의 삶이 바뀌었다. 과거보다는 미래를, 절망보다는 희망을, 부정보다는 긍정을 생각하게 되었다.

위 이야기에서 한 젊은이는 나 자신이고 이웃이며 우리일 수 있다. 한 생각만 바꾸면 우리의 인생도 달라질 수 있다. 어떤 사람은 지나가버린 강물을 못 잊어 하며 살고, 어떤 사람은 새로 올 강물을 기다리며 사는 것이다.

부처님의 가르침 중에는 제행무상(諸行無常)이라는 말이 있다. 모든 것들은 무상하여 영원한 것은 아무 것도 없다는 가르침이다. 세상 모든 것들은 태어남과 사라짐을 계속하며 변화하여 간다. 청춘도 변하여 흘러가고 남녀 간의 사랑도 흘러가며 명예도 분노도 미움도 절망도 미래도 과거도 실패도 다 흘러간다. 모든 것들이 다 남아있다면 세상은 아마 온갖 쓰레기 물건들과 넘쳐나는 사람들로 괴로울 것이다. 그러니 모든 것들이 흘러가 버린다는 것은 얼마나 아름다운 것인가.

요즘 매스컴을 보니 우울증으로 많은 사람들이 고통을 받고 있다고 한다. 두 자녀의 어머니가 아파트에서 투신해서 자살하기도 하고, 한 집안의 가장이 온 가족들을 데리고 자살을 하기도 하였다. 이처럼 현대는 마음의 병이 난무하는 시대다. 많이 배우고 많이 가지면 행복하고 즐거워야 하는데 오히려 반대로 되어가고 있다. 마음은 늘 불안하고 초조하며 미움과 절망으로 가득 차 있다.

세상은 끝없이 흘러가고 있는데 오직 우리의 마음만은 한 곳에 멈추어서 그곳에 안주하려는데 그 원인이 있다. 다 우리의 탐욕 때문이다. 행복이 영원하길 바라고 명예가 영원하길 바라고 재물이 영원하길 바라고 영원히 늙지 않기를 바란다. 그러니 우울증이 생기고 머리가 아프고 절망하고 가슴앓이를 하게 되는 것이다. 회귀하는 연어들처럼 삶 흐름에 역행해 거슬러서 오르려고 할 때 문제가 생기는 것이다.

세상은 만만한 것이 아니어서 누구나 슬픈 비밀 하나, 고통 한줌은 가지고 산다. 평시에는 학교에서 시험을 보면 늘 상위권이었던 학생이 수능 시험을 완전히 망치고 거리를 배회하기도 한다. 남편과 이혼을 하고 자식들과도 헤어져서 사는 쓸쓸한 여자도 있다. 바람을 피웠다는 이유로 부인과 이혼하고 아파트와 자식까지 빼앗긴 채 월세 방을 전전하는 남자도 있다. 전생에 악업을 많이 지었는지 늘 살해 위협을 받으며 사는 사람도 있다. 재물은 많이 벌어놓아서 한번 멋지게 살아보려고 하는데 무슨 운명의 장난인지 말기 암 판정을 받은 사람도 있다. 사업만 벌렸다 하면 다 털어

먹고 마는 사람이 있다. 이런저런 이유로 사람들은 인생을 포기하고 자살을 하고 술독에 빠지고 절망으로 보낸다.

그러나 힘들더라도 지난날의 좋지 않은 일들과 기억들은 모두 다리 밑의 물로 떨어뜨려야 한다. 그것들을 가슴 속에서 꺼내어서 첨벙첨벙 소리가 나도록 다리 밑으로 던져버려야 한다. 용서하고 모두 흘려보내야 한다. 그리하여 항상 새로운 물들을 맞을 준비가 되어야 한다.

인생은 행복과 성공만 있는 것은 아니다. 맑은 물도 받아들이고 흙탕물도 받아들여야 한다. 부처님께 기도할 때 나에게 행복과 즐거움만 오게 해달라고 하는 기도는 흔한 기도다. 이제는 어떤 어려움이 오더라도 부처님의 가피력(加被力)으로 이 난관을 헤치고 나갈 수 있는 힘과 용기를 주시라고 기도를 올려야 한다.

모든 것은 다리 밑의 물이다. 지난해의 좋지 않았던 기억들이나 사업실패, 이혼, 배우자와의 이별 등을 모두 흐르는 저 강물에 두둥실 떠나보내자. 그리고 새해에는 항상 새롭고 맑고 힘찬 강물만 맞이하도록 하자.

나만의 인생철학

인생은 선택의 연속이다.
우리는 여러 갈래로 갈라진 갈림길에서 자주 머뭇거리며 망설인다. 어느 길로 가야 바르며 현명한 선택인가 고심하지만 가보지 않은 길은 알 수가 없다. 혼자 가는 인생에서 안내자가 필요하다. 부모님도 있고 스승도 있지만 한때뿐 영원히 나를 인도할 수 없다.

정당이나 사회단체에는 그 단체의 기본 입장이나 방침을 열거한 강령(綱領)이 있고, 회사에는 사훈이 있으며, 가정에는 가훈이 있다. 다 길을 안내하는 것들이다. 이렇듯이 우리 인생에서도 나를 바르게 이끄는 삶의 목적의식이 필요하다. 나만의 가치관을 확립하고 철학을 갖는 것이 중요하다.

부처님은 우리가 의지하여 살아가야 할 인생철학으로 여덟 가지 항목의 팔정도(八正道)를 제시하셨다. 정견(正見)은 인생을 바르고 똑바로 직시하는 올바른 견해를 가져야 하며, 정사유(正思惟)로서 바른 생각을 가져야 하고, 정어(正語)는 거짓말이나 삿된 말을 삼가서 바른 말을 하고, 정업(正業)은 건전한 생활로 바른 행을 하는 것이다. 정명(正命)은 바른 직업관을 가지고 생업에 임하는 것이며, 정정진(正精進)은 깨달음을 향하여 나가는 쉼 없는 노력을 말하며, 정념(正念)은 사념처 수행법으로 매순간 알아차려 올바른 마음 챙김을 하는 것이며, 정정(正定)은 마음 챙김을 통하여 삼매에 들어가 고요한 평정에 머무는 것이다. 이와 같이 팔정도에 의거해서 산다면 우리의 삶은 흐트러짐 없는 행복한 삶이 될 것이다.

『조용헌 살롱』이라는 책을 보면 자기만의 독특한 철학을 갖고 사는 인사들이 소개되었다.

전 고건 국무총리는 공직 생활을 수십 년 동안 한 분이다. 그래서 관료로서 살아가려면 그 나름의 생활 규칙이 있어야 했을 것이다. 그래서 그에게는 하지 말아야 할 세 가지 삼불철학이 있었다. 그는 줄 서지 않고, 돈 받지 않고, 술자랑 하지 않는 것을 규칙으로 삼았다. 사실 공직생활을 하면서 줄을 서야 진급하는데 도움이 된다는 것은 누구나 다 아는 사실이다. 하지만 정당한 경쟁이 아닌 편법이 된다. 줄을 서려면 윗사람에게 뇌물을 바쳐야 하고, 그렇게 하려면 돈이 없이는 안 된다. 자연히 돈의 유혹에 노출된다. 그것은 결국 자신을 스스로 망치는 것이 된다. 마지막으로 술 자랑을 하지 말라고 했다. 술은 많이 마시면 독이 되고 근심의 원인이 된다. 공무원으로서 술을 잘 먹는 것이 자랑거리가 될 수 없다는 신념도 깔려 있는 듯하다. 철학을 가지고 철저하게 자기 관리를 한 덕분인지 고건 전 총리는 여러 대통령 밑에서 그토록 장기간 고위관료를 했지만 모든 사람들로부터 신망을 받았다.

환경운동가인 최열이라는 사람은 죽겠다, 바쁘다, 힘들다는 말을 하지 않는 것을 원칙으로 삼았다. 사실 죽겠다, 바쁘다, 힘들다는 말은 어려움에 봉착하면 하루에도 몇 번씩 하는 말이다.

사실 나도 요즘 소임을 살다보니 어느 날 일이 이것저것 한번에 겹쳐서 찾아올 때가 있다. 그러면 이리 뛰고 저리 뛰고 몸이 열 개라도 모자란다. 그러면 나도 모르게 바쁘고 힘들다는 말이 입에서 수시로 튀어나온다. 더 가면 힘들어 죽겠다는 말까지 입에서 나오게 된다.

죽겠다, 바쁘다, 힘들다는 말은 많이 하는 말이지만 자신에게는 전혀 도움이 안 되는 매우 부정적인 말이다. 그래서 아무리 힘들어도 이런 말은 절대로 쓰지 말아야 한다. 이 세 가지 말을 하지 않은 것이 최열이 성장하는 데 큰 지침돌이 되었을 것이다.

경주 최 부자는 300여 년 동안 만석지기 부자였다. 최 부자에게는 가문의 가훈이 있었다. 첫째는 과거를 보되 벼슬을 진사 이상은 하지 말 것이며, 둘째는 재산은 만 석 이상 지니지 말며, 셋째는 지나가는 과객을 후하게 대접하고, 넷째는 흉년에는 땅을 사지 말며, 다섯째는 며느리들은 시집온 후 3년 동안 의무적으로 무명옷을 입어야 하며, 여섯째는 사방 백 리 안에 굶어죽는 사람이 없게 하라는 내용이었다. 최 부자는 부자임에도 불구하고 윤리적이며 이웃을 배려하는 마음으로 가진 자의 도덕적 의무를 성실히 수행했다. 그래서 많은 사람들로부터 신망을 얻었다. 요즘 소위 각 분야의 리더들이나 사업하는 사람들이 배워야 할 내용들이다. 경주 최 부자 가문은 이런 철학을 전면에 내세우고 실천함으로써, 민란이 일어났을 때도 민중들로부터 보호를 받았고 이후로 삼백년 동안 부자로 살 수가 있었다.

나는 개인적으로 절에서 대중생활을 하면서 아침예불, 발우공양, 대중울력은 안 빠지려고 원을 세웠다. 그래서 특별한 일이 있어서 밖에 나가자지 않는 이상 빠지지 않으려고 노력한다. 이 세 가지는 스님들이 절에서 단체 생활을 하면서 수행자로서 지켜야 할 기본적인 규칙이기도 하다.

아침예불은 자신의 마음을 부처님께 내보임으로써 참회하며 내 자신을 돌아보는 계기가 되며, 발우공양은 대중들과 함께 똑같이 공양하고 앉아 있어야 하므로 참고 견뎌내는 인욕(忍辱)과 내 마음을 낮추는 하심(下心)을 배우게 된다. 그리고 대중울력을 함으로써 봉사와 타인에 대한 배려를 배우게 된다. 아침예불, 발우공양, 대중울력만 잘 하면 모든 수행은 저절로 이루어지는 것이다. 법주사의 아침 예불은 새벽 3시부터 시작 되어 4시쯤에 끝이 난다. 나는 보통 대종이 울리는 3시 반 무렵에 나간다. 본격적인 예불은 40분이 되어야 시작되기 때문이다. 눈보라가 몰아치는 한겨울에는 정말 쉬고 싶은 유혹도 많다. 그러나 대중 속의 규율이고 나 자신하고의 약속이니 쉬고 싶은 유혹도 떨쳐버려야 한다. 나는 법당에 가서 부처님께 예배 올리고 사찰의 안녕과 인연 있는 분들을 위하여 기도 올리고 마지막으로 내 자신에게도 축원을 올린다. 그러면 하루 일과가 기분 좋게 시작된다.

나의 은사스님은 법주사 주지를 하실 때 아침 예불은 어떤 일이 있어도 참석하시는 분이셨다. 공무로 멀리 갔다가 새벽 한두 시에 들어오셔도 아침 예불은 빼먹지 않으셨다. 그럴 때는 피곤한지 스님은 예불을 하시다가도 목탁 소리를 듣지 못하고 깜빡 졸을 때도 있었다. 그 공덕인지는 몰라도 스님은 가실 때 대중들의 축하를 받으면서 떠나셨다.

다음은 발우공양인데 여름과 겨울을 합하여 일 년에 약 6개월 정도 이루어진다. 보통 아침 발우공양은 5시 50분에 시작한다. 모든 스님들이 나와서 빙 둘러앉고 죽비 소리에 맞추어서 공양을 한다. 점심 법공양 의식은 상당히 길어서 발우 공양을 하고 나면 40분이 넘어선다. 밥을 먹으면서도 시주의 은혜와 농사를 지은 분의 은혜를 생각하며 먹는다. 당장 배가 고픈데 밥상을 앞에 두고 하는 의식이 너무 많아서 간혹 짜증이나기도 한다. 발우공양은 많은 시간동안 앉아 기다려야 하기 때문에 인내가 필요하다. 발우공양은 공양이기 이전에 수행이다.

마지막으로 울력이다. 단체생활을 하면서 울력에 빠져서는 안 된다. 사찰의 최고 어른도 울력에 빠져서는 안 된다. 내가 공림사에 살 때 울력이 가끔 있었는데, 주로 감자 캐는 울력이나 화장실 청소하는 울력이었다. 그러면 절의 가장 어른이신 탄성 노스님은 가장 힘들고 지저분한 화장실 청소를 자원하셨다. 나는 이제 스님이 된지 얼마 안 된 터라 큰스님의 지시에 따라 억지로 들어갔다. 장화를 신고 작업복을 신고 마스크를 해도 화장실 냄새에 구역질이 났다. 분뇨를 치우는 동안 옆 사람이 삽질을 잘못해서 스님 옷에 튀기기도 하였다. 그러나 스님은 인상 한번 쓰지 않고 그 일을 끝내셨다.

내가 송광사의 선원에 살 때 매주 월요일 아침 1시간은 대중 울력 날이었다. 목탁이 울리면 모두 빗자루를 들고 나와서 마당을 쓸고 풀을 뽑았다. 그러면 가장 어른이신 보성 방장스님도 꼭 나오셔서 울력에 등참하셨다. 어른이 모범을 보이기 때문에 그 누구도 빠질 수가 없었다. 우리는 살아가면서 수많은 선택의 갈림길에 놓이게 된다. 자기만의 인생 설계도가 있다면 앞으로 나아가는데 훨씬 쉬울 것이다. 그렇게 하면 우왕좌왕하지 않고 목적한 바를 쉽게 달성할 수 있을 것이다. 자기만의 인생 목표를 정하고 실천 철학을 세우고 앞으로 나아간다면 삶이 훨씬 의미 있고 순탄해질 것이다.

　　『이솝우화』를 쓴 이솝이라는 사람은
처음에는 철학자 쿠잔토스의 노예였다고 한다. 어느 날 그 철학자가 친구
들을 불러 연회를 열기로 하였다. 그래서 이솝에게 돈을 주며 시장에 가
서 가장 좋은 음식 재료를 사다 요리를 하라고 지시를 내렸다. 그러자 이
솝은 소 혓바닥을 잔뜩 사다 여러 가지 양념으로 요리해서 식탁에 내놓았
다. 손님들은 나오는 요리마다 소 혓바닥을 양념만 바꿔서 나왔기 때문에
친구들은 그 음식에 질려버렸다.

　주인은 화가 나서 이솝을 불러다가 가장 좋은 음식을 사다 요리를 하라
고 했는데 이게 뭐냐고 호통을 쳤다.

　그러자 이솝은 태연스레 이렇게 대답했다.

　"주인 나리, 혀보다 더 좋은 게 또 어디 있겠습니까. 혀란 진리를 말하는 이성의 기관이 아닙니까.”

이 말에 주인은 말문이 막혀버렸다. 이솝의 재치에 새삼 감탄했지만, 그를 골려주고 싶은 생각이 들었다. 그래서 내일은 가장 나쁜 음식을 사 오라고 일렀다.

그러자 이솝은 다시 소 혀만을 가득 사가지고 와서 요리를 했다.

주인은 이번에는 진짜 화가 났다.

그러자 이솝은 화를 내는 주인에게 조용하게 이렇게 말했다.

“혀란 남을 비방하고 욕을 하며 중상모략을 하는 기관이 아닙니까. 그러니 가장 나쁜 것이 아니고 무엇이겠습니까?”

이 소리를 들은 주인은 껄껄 웃으며 용서를 해 주었다는 일화이다.

(『라 퐁텐 우화집』).

이처럼 말은 이중성을 가지고 있다. 말은 잘하면 이익이 되지만, 잘못하면 독이 되는 것이다. 우리는 세상을 살다 보면 참으로 많은 말을 하게 된다. 하루에도 수많은 사람을 만나고, 전화로 많은 대화를 한다. 그러다 보면 꼭 필요한 말 외에 공연히 하는 헛말도 있고, 심심해서 지껄이는 실없는 말, 남을 비방하고 뜬소문을 퍼뜨리는 쓸모없는 말도 하게 된다.

어떤 미국 학자가 하루에 얼마나 많은 말을 하는가 조사를 해 보았더니, 남자는 하루에 2만 5000마디의 말을 하고 여자는 이보다 많은 3만 마디의 말을 한다고 한다. 일생의 5분의 1을 말하는 데 쓰고 있는 것이다.

그러나 우리는 말 중에 진짜 중요한 말은 몇 마디 되지 않고, 하지 않아도 무방한 말들을 생각도 없이 하루 종일 하며 살고 있는 것이다. 그래서 『법구경』에 보면 "입은 몸을 치는 도끼요, 몸을 찌르는 날카로운 칼날이다"라고 하였다. 그래서 삼가야 할 말들을 몇 가지 정리해 보았다.

첫째, 우리는 거짓말과 남을 비방하는 말을 삼가야 한다.

거짓말은 자신도 속이고 남도 속이는 것이다. 거짓말을 습관적으로 하는 사람은 그 거짓말이 늘어서 나중에는 사기꾼이 되는 것이다.

그래서 부처님께서는 남을 비방하는 것에 대하여 이렇게 말씀하셨다.

어떤 사람이 남을 비방하면/입에서는 칼날이 돋아
입으로 악한 것을 말한 죄를 받아/도리어 제 몸을 베고 다친다.
만약 비방해야 할 곳에 칭찬하고/칭찬해야 할 곳에 비방한다면
나쁘게 말한 것의 허물이 더 무거우니/입의 허물이 무거워 안온하지
못하리라(『대루탄경』 제 2권, 한글대장경).

부처님께서는 남을 비방하면 오히려 그 죄가 자신에게 돌아와 자신의 몸을 베는 결과가 된다고 말씀하셨다. 사실 이렇게 남을 비방하기만 좋아하는 사람은 다른 사람들에게도 인정을 받지 못한다.

둘째, 이간질과 꾸밈말을 삼가야 한다.

우리가 매일 독송하는 『천수경』에 보면 '양설중죄 금일참회, 기어중죄 금일참회' 라는 구절이 나온다. 여기서 양설(兩舌)은 이간질하는 말이고 기어(綺語)는 꾸밈말이다.

이간질은 한 입으로 두 말을 하는 것이고, 꾸밈말은 자기의 이익에 맞추어서 말을 요리조리 맞추는 것을 말한다. 두 사람 사이를 오가며 서로에게 나쁜 말을 해서 싸움을 만드는 것이다. 우리는 이런 이간질하고 꾸미는 말을 부끄러운 줄 알고 삼가야 한다.

셋째, 우리는 험한 말을 삼가야 한다.

세상이 어렵고 힘들어도 순간 화가 치밀어도 자기 자신을 한번 돌아보고 참아야 한다. 그런 험한 말을 많이 하게 되면 자기 스스로를 가장 천한 사람으로 만드는 꼴이 되고 만다. 또한 말이 씨가 된다고 하였다. 그렇게 습관적으로 험한 말을 하다 보면, 정작 하지 말아야 할 곳에서도 상스런 말들이 불쑥 튀어나오게 된다.

나는 언젠가 어느 마을에 가서 욕을 잘하는 사람을 보았다. 이 사람은 술을 먹었다 하면 동네를 향해서 술이 다 깰 때까지 밤새도록 욕을 해댔다. 숫제 바위 같은 데에 앉아서 술을 가져다 놓고 일을 시작했다.

나는 술을 자주 사주는데 너는 왜 술을 안 사주냐고 친구들을 차례대로 욕하고, 돈 몇 천 원 빌려가고 일 년이 넘었는데 아직 갚지 않는다고 욕하

고, 며칠 전에 논의 물 때문에 다툼이 있었던 이웃집 욕을 하고, 누구누구
가 눈이 맞아 바람났다고 욕하고, 이렇게 밤새도록 욕을 해댔다. 남들은
다 불 끄고 자는데 혼자 욕을 해댔다. 그렇게 밤새도록 욕을 하다보면 그
의 입에 안 걸리는 사람이 없었다. 마을 사람 욕을 다 하고 나면 다시 처
음부터 다시 반복하였다. 나중에 욕할 것이 없으면 자기 가족도 욕하고
사람 욕이 다 끝나면 자연이나 하늘도 그의 비판 대상이 됐다. 그 욕은 술
이 다 깨고 아침이 돼서야 끝이 났다.

태어나서 이렇게 남의 욕 잘하는 사람 처음 보았다. 이런 사람들은 주
위 사람들이 인간 취급을 안 한다. 그가 무슨 소리를 해도 또 술에 취해서
헛소리를 한다고 생각하며 숫제 무시해버린다. 그래서 우리는 말 한마디
를 하더라도 바르고 깨끗한 말을 해야 한다.

넷째, 비밀 이야기는 옮기지 말아야 한다.

우리는 친한 친구끼리 자기의 비밀이나 고민을 털어놓고 의논하기도
하고 도움을 청하기도 한다. 좋지 않은 얘기나 친구가 해준 비밀 이야기
는 여기서 듣고 잊어버려야 한다. 진정한 친구라면 비밀을 발설하지 않고
성심 성의껏 도와준다. 그러나 문제가 있는 친구는 바로 다른 친구들에게
전화를 해서 소문을 내버린다. 이런 사람은 입이 새털처럼 가벼운 사람이
다. 그런 사람은 친구를 사귀기 힘들다. 믿고 그 이야기를 했던 친구는 배
신감을 느끼고 그 친구와 멀어지게 되는 것이다.

우리는 진실하고 바른 말을 해야 한다. 또한 말을 가려서 할 줄 알아야 한다. 한번 떠나간 말은 다시는 주워 담지 못한다. 다만 업(業)이 되어 돌아올 뿐이다.

우리는 모두 귀가 두 개이고 입이 하나 있다. 되도록 많이 듣고 갈은 적게 하라는 뜻으로 이해하면 세상을 살아가는 데 많은 도움이 될 것이다.

가을의 과일들을 보며

무덥던 여름이 지나고 어느 덧 선선한 가을이다. 더워서 잠을 설쳤던 날이 엊그제 같은데 이제는 아침저녁으로 제법 쌀쌀하다.

지난여름의 뜨겁던 태양빛을 받고 자란 열매들이 이제는 하나 둘 익어간다. 야산에는 감과 밤이 익어가고 사과도 어느덧 발그레한 빛을 띠기 시작했다. 산 주위에는 도토리가 익고 다람쥐들의 움직임이 바쁘다. 그 열매들은 여름의 태풍과 소나기와 해충의 공격으로부터 잘 버텨내고 충실하게 익어 고개를 숙였다.

과일은 익으면 그 무게로 인해 하나같이 고개를 숙인다. 아직 덜 익었을 때는 경박하게 몸을 움직이고 고개를 뻣뻣하게 세우던 것들도 시간이 가면 모두 고개를 숙인다. 성숙할수록 자신을 낮추는 것은 얼마나 아름다운 일인가.

　　그러나 그렇지 못한 것이 현실이다. 사람들은 오히려 나이가 먹어갈수록 더 뻔뻔해지고 부끄러움을 잃어버리는 경우가 허다하다. 잘못을 저질러놓고도 되레 큰소리를 치고 소란을 피우며 세상을 어지럽히는 사람들이 있다. 이런 사람들은 탐진치(貪瞋癡) 삼독에 쌓여 헤어나지 못하는 사람들이다. 탐진치란 우리를 옭아매는 근본 번뇌로써 탐욕과 성냄, 어리석음을 말한다.

　　탐(貪)은 탐애(貪愛)라고도 하고, 욕심이라고도 할 수 있다. 뭔가 가지려고 하고 소유하려고 하고 남에게서 강제로 뺏으려고 하는 것도 여기에 포함된다. 불교에서는 5욕(五慾)이라 하여 식욕(食慾)·색욕(色慾)·재욕(財慾)·명예욕(名譽慾)·수면욕(睡眠慾) 등을 들고 있다. 세상을 살아가면서 적당한 욕심은 필요하다. 그러나 정도가 지나칠 때 탐욕이라고 하는 것이다.

　　회사의 직원들을 혹사시키고 임금을 적게 줘서 착취하는 사람, 정상적인 사업이 아닌 고리대금업 같은 일을 해서 많은 폭리를 갈취하는 사람, 재물을 모아도 베풀 줄은 모르고 오직 가지려고만 하는 사람들이다. 또 명예욕이 너무 많아서 돈을 쓰기도 하고 압력을 넣어서 관직에 오르는 사람도 있다.

　　사람들은 이렇게 수도 없이 욕심을 채우고 위로 오르기만 하그 내려오려 하지 않는다. 우리들은 더 많은 재물, 더 많은 음식, 더 높은 관직을 원하고 있다. 그런 물질적인 것들은 한정되어 있는데 너도나도 탐내니 당연히 부족할 수밖에 없고 가지지 못하는 박탈감 때문에 우리는 늘 불행하다고 하는 것이다. 그리고 더 중요한 삶의 진리와 마음의 평화에는 별 관심이 없어 보인다.

진(瞋)은 분노하는 것이다. 어떤 대상에 대하여 미워하고 성내며 시기, 질투, 증오하는 것이다.

요즘 사회는 모든 것이 바쁘게 돌아가고 복잡한 시대다. 그래서 신경 써야 할 일들이 한두 가지가 아니다. 그래서 조금만 잘못하면 상사가 부하에게 성을 내고 아버지가 아들에게 꾸지람을 하며 아내가 남편에게 짜증을 낸다. 개인과 개인 간에도 문제가 생기면 참지 못하고 폭력을 행사하고, 나라와 나라 사이에도 알력이 커지면 전쟁이 일어나기도 한다.

어느 날 부처님이 계신 곳으로 어떤 사람이 찾아왔다. 그러더니 막무가내로 부처님을 비방하기 시작했다. 그리고 도저히 입에 담지 못할 말을 막 해댔다. 그러나 부처님께서는 아무 잘못이 없었고 자기와는 무관한 얘기였으므로 부처님은 일체 대꾸하지 않았다. 그 사람은 스스로 제 풀에 죽어서 돌아가 버렸다. 이처럼 부처님께서는 말할 가치가 없는 사람에게 비방을 받아도 대꾸를 하지 않음으로써 그 비방과 욕을 고스란히 다시 상대방에게 돌려 보낼 줄 알았다.

치(癡)는 현상이나 사물의 도리를 이해하지 못하는 어리석음이나 무명(無明)을 말한다. 내가 최고라고 자만심에 빠져 있는 것도 여기에 포함된다. 어리석은 사람은 성격이 완고하고 변할 줄 모르는 수동적인 사고를 가진 사람이라고 할 수 있다. 자만이나 상(相)이 가득 차서 사람이 변할 줄을 모르는 것이다.

『금강경(金剛經)』에 보면 우리에게 장애를 주는 네 가지 상(相)인 아상·인상·중생상·수자상이 있다. 그것은 나라는 자만의식, 너라는 차별의식, 중생이라는 열등의식, 나이가 많고 적어서 못한다는 한계의식이다. 우리는 이런 상에 빠져서 나이가 먹어가도 어리석음에서 벗어나지 못하고 고개를 더 꼿꼿하게 세우는 것이다.

나도 예외는 아니어서 자주 탐욕을 부리고 하찮은 일에도 화를 냈다. 한때는 상이 높아서 몇몇 사람들을 얕잡아본 적도 있었다. 그리고 아름다움과 미움, 귀함과 천함, 더러움과 깨끗함의 상에 집착해서 바른 길을 보지 못했다.

올 가을에는 될 수 있으면 말을 줄이고 저 나무들처럼 묵묵해야겠다. 익으면 삶의 무게로 고개를 숙이는 저 과일들처럼, 나도 탐욕과 성냄과 어리석음의 상(相)을 내려놓고 고개를 숙이고 몸을 낮추어야겠다.

깊은 상처

오후가 되면 가끔씩 절 뒤의 산책로를 혼자 걷는다. 내 자신을 단순화시키고 자연의 소리에 귀를 기울이는 것은 행복한 일이다.

그곳을 걷다 보면 심하게 상처가 난 소나무를 발견하곤 한다. 처음에는 그 상처가 웃는 모습으로 보였다. 그러나 자세히 보니 그것은 웃는 모습이 아니라 우는 모습이었다. 나는 그 모습을 보며 가슴이 아팠다. 그것도 한두 개가 아니다. 그런 상처 자국은 속리산 전체에 걸쳐 있다. 사람들의 말에 의하면 일제 때 일본군들이 연료로 쓰기 위해 나무에 상처를 내서 송진을 채취해 갔다고 한다. 그 소문이 맞다면 소나무는 오랜 기간 동안 상처와 아픔을 가슴에 담고 살아왔다는 것이다.

고개를 돌려보면 그런 상처들은 소나무 뿐 만이 아니다. 키가 너무 크다고 농작물에 그늘을 드리운다고 심하게 가지치기를 당한 은사시나무, 사람들의 구미에 따라 몸통만 놔둔 채 모조리 잘려버린 플라타너스 가로수들도 인간의 욕심에 따라 큰 상처를 입었다.

나 또한 한때 마음의 상처를 받은 적이 있다. 중학교 때, 나는 사소한 잘못으로 한 여선생한테 벌을 받은 적이 있었다. 그녀는 나에게 '눈이 작고 찢어져 못생긴 놈' 이라는 모욕적인 말을 했다. 그 때문에 나는 내 눈이 진짜 그런가 하고 오랫동안 거울 앞에 서서 눈을 원망했다. 나중에 안 일이지만 나의 눈은 작고 잘생기지는 못했어도 지극히 정상적인 눈이었다. 그 여선생의 말 한 마디 때문에 나는 한동안 마음에 깊은 상처를 입었던 것이다.

요즘 사람들은 매스미디어로 인한 상처를 많이 받기도 한다. 여기에는 라디오나 신문, TV, 영화, 소설 등도 포함된다. 매스컴은 공정한 보도가 아닌 한 쪽에 편중된 일방적인 보도행태로 사람들에게 깊은 상처를 입힌다. 요즘 영화는 거의 살인하고 싸우는 내용이 주를 이룬다. 그러다 보니 우리들의 생각에도 생명존중과 자비의 정신은 사라지고, 그것을 모방한 범죄가 판을 치고 있다. 우리의 무의식 속에 이런 폭력영화의 영상들이 쌓이고 쌓여서 큰 상처를 주는 것이다.

이러한 작은 상처들은 하나 둘 우리의 마음에 모이고 모여서 깊은 상처로 남는다. 더 커진 상처들은 불신으로 변하여 남을 믿지 못하게 되고 미워하게 된다. 어떤 상처들은 다른 사람들을 향한 증오의 화살로 변하여 테러나 방화 폭력을 일삼게 된다. 또, 어떤 것은 스스로를 자학하다가 급기야는 자살로 이어지기도 한다. 이 세계가 반목하고 범죄와 테러로 몸살을 앓고 있는 것도 사실은 다 이런 상처들이 모여서 이루어진 것이다.

역지사지(易地思之)라는 말이 있다. 상대편의 입장에 서서 생각해보고 이해하라는 뜻이다. 요즘은 자신의 이익만 추구하고 남들이 어떻게 되든지 신경 쓰지 않는 문화가 팽배하고 있다. 나에게는 이익이 될 수 있지만 다른 사람들에게는 큰 상처가 되는 것들이 있다. 그것은 부끄럽고 이기적인 삶이다. 무슨 일을 하더라도 나만의 이익만을 생각할 것이 아니라 상대편의 입장이 되어서 생각해 보고 배려하는 마음이 있어야 하는 것이다.

부처님께서는 늘 자비에 근거를 둔 평화를 주창하셨다. 『별역잡아함경』에서 말씀하시기를, '바람을 마주하여 먼지를 뿌리면 먼지는 다시 자기에게 오듯이, 미움을 미움으로 대하면 그 미움은 반드시 자기가 받는다' 라고 하셨다. 한때 부처님 제자로 있던 데바닷다가 무리들을 이끌고 나가 반역을 꾀하며 수시로 부처님을 해치려고 했다. 그러나 부처님께서는 몸을 보호할 무기 하나 소유하지 않고 신통력과 지혜로써 그 위기를 넘기셨다. 부처님은 미움을 미움으로 대하지 않고 자비로 감싸 안으신 것이다.

한번은 석가 족과 이웃 콜리 족 사이에 물로 인한 분쟁이 난 적이 있었다. 두 종족은 쌀농사를 지어서 물이 많이 필요했는데, 한번은 가뭄으로 두 종족 간에 흐르던 로히니강이 말랐다. 물이 마르자 두 종족은 서로 많은 물을 가져가기 위해 다툼이 생겼다. 급기야는 군대까지 동원해서 곧 전쟁으로 번질 위기에 처했다. 그러자 부처님께서는 그 싸움을 중지시키기 위해 친히 가셨다. 그리고 다툼의 허망함을 설법하여 두 종족을 화해시켰다.

그동안 다른 몇몇 종교들은 성전(聖戰)이니 뭐니 하며 한때 유럽을 전쟁의 소용돌이에 몰아넣고 수백만의 사람들이 죽어나갔다. 그러나 불교가 가는 곳에는 어둠과 반목이 사라지고 화합과 평화가 자리 잡았다. 종교는 전쟁도 아니고 권위도 아니고 옳고 그름도 아니다. 다만 서로 감싸는 것이고 부둥켜안는 것이고 마음을 평온하게 다스리는 것이다.

오월은 인류 역사상 가장 위대한 성인이신 부처님께서 태어나신 달이다. 부처님께서 태어나신 달이라서 그런지 오월은 어느 달보다도 평화롭고 꽃들이 만발한 축복의 계절이다.

부처님은 우리들을 어두움과 무지와 어리석음에서 구출하시어 인류가 나아갈 길을 제시하셨다. 나는 부처님의 자비 정신이 우리들의 몸과 마음에 깊이 박혀 있는 모든 상처를 치유하는 약이 되고 인류를 구제하는 큰 빛이 되리라 믿어 의심치 않는다.

나그네와 뗏목

어느 날 나이 사오십 대의 보살이
근심어린 얼굴로 절에 찾아왔다. 자기가 가지고 있는 재물로 인해서 집안
이 큰 어려움에 빠졌다는 것이다. 사건의 줄거리는 대강 이러했다.

그녀의 아버지는 사업을 했는데, 결혼을 해서 아들 넷을 낳았다. 그러
다가 그 부인이 죽자 새로 결혼을 했다. 두 번째로 결혼해서 낳은 자식이
그녀이다. 그녀의 아버지는 사업을 한 관계로 꽤 많은 유산을 물려주고
죽었다. 그때부터 재산 때문에 문제가 생겼다. 배가 다른 오빠들이 그녀
가 물려받은 재산을 뺏기 위해서 나선 것이다. 세 명의 오빠들이 작당을
해서 그녀를 납치했다. 그러나 그녀는 어떻게 해서 탈출했고 그 납치사건
은 미수로 끝났다. 그로 인해서 그들은 서로 원수가 되고 말았다. 또한 경
찰서도 오가고 하는 신세가 됐다. 우연의 일치인지는 몰라도 작년 한해만

세 명의 오빠가 자살을 하고 말았다. 오빠만 죽은 것이 아니라 그의 부인들도 동반자살을 했다. 그러니까 한해에 여섯 명의 가족이 자살을 한 것이다. 그런데 그것으로 끝난 것이 아니라 그 재산 싸움에 가담하지 않았던 나머지 한 오빠까지 그녀의 재산 몇 십 억을 가지고 잠적해 버렸다. 돈을 가지고 튀었는지 누구에게 납치당했는지는 모르지만 벌써 열흘이 넘게 연락이 두절되었다.

재산 때문에 그 집안은 풍지박살이 난 것이다. 정말 무서운 이야기여서 그 이야기를 들으면서 소름이 끼치기도 하고 그 보살이 안쓰럽기도 하였다.

『중아함경』에 보면 나그네와 뗏목의 이야기가 나온다.

어떤 나그네가 넓은 강에 도착했다. 그는 강을 건너기 위해 배를 찾았지만 배는 보이지 않았다. 그리하여 그는 갈대와 나뭇가지를 꺾어 뗏목을 만들기 시작했다. 그렇게 공 들여 만든 배를 타고 무사히 강을 건널 수 있었다. 그는 이 뗏목이 아니었다면 아마 자신은 강을 건너지 못했을지도 모르니 이 뗏목이야말로 정말 고마운 존재라고 생각했다. 그런 생각을 하니 갑자기 자신이 타고 온 뗏목이 아깝게 느껴졌다. 그래서 나그네는 무거운 뗏목을 어깨에 메고 걷기 시작했다. 그러자 지나가는 사람들이 그 모습을 보고 모두 비웃었다.

위의 이야기에서 나그네는 우리 자신이요, 뗏목은 우리가 가지고 있는 집이나 땅문서, 보석 같은 재물로 비교할 수도 있다. 우리는 잠시 동안 배를 빌려 탈 수 있지만 영원히 가져갈 수는 없는 것이다. 떠날 때는 다 버려야 하는 것이다.

현대 자본주의 사회에서 우리가 타고 가는 배는 각자 다르다. 어떤 사람은 거대하고 화려한 초호화유람선을 타고 가는가 하면, 어떤 사람은 무동력 나룻배로 힘들게 노를 저어가며 가는 사람도 있다. 인생을 살아가는데 좋은 배를 타고 가면 나쁠 것은 없다. 부처님 당시에도 부처님을 후원해주는 부유한 장자들이 꽤 있었다. 부처님께서는 재물을 나쁘게 생각하지 않았다. 재물을 벌어서 좋고 유용한 곳에 쓰라고 하셨다.

다만 재물에 너무 집착하니까 그런 문제가 생기는 것이다. 인생에서 가족이나 공동체의 평화나 행복이 우선이 아니라 재물을 삶에서 최고의 목표로 생각하는 것이다. 우리는 배가 좀 나빠도 얼마든지 강을 건널 수 있다. 오히려 진귀한 보물을 많이 실은 좋은 배가 무겁고 둔해져서 빨리 난파될 수도 있다. 배가 좋든지 나쁘든지 강을 건너는 것은 마찬가지인 것이다. 그런데도 사람들은 화려하고 좋은 배에만 집착을 한다.

요즘 돌아가는 이야기를 들어보면 가관이다. 주식 펀드로 십억 만들기 모임이 있는가 하면, 아직 열 살도 되지 않았는데 주식투자를 가르친다는 뉴스도 있다. 모든 것이 돈 버는 것에 집중되어 있다. 대학교도 취직이 잘되고 돈을 잘 버는 학과가 최고고 돈이 안 되는 국문학과는 사멸 위기에 처해 있다고 한다. 배우자도 돈 많은 배우자가 최고며, 책도 돈 잘 버는 방법을 가르치는 책이 베스트셀러가 된다. 마음에 깨달음을 주는 책들은 거들떠보지도 않는다. 시골 사람들은 몇 백만 원을 만지기도 힘든데, 도시에서는 칠팔 억은 있어야 노후 대책을 한다고 떠들어대며 위화감을 조성한다. 온 나라가 돈 광풍이 불고 있다.

나에게 와서 상담을 한 보살은 그 재물을 지키려다가 자의반 타의반으로 여섯 개의 배를 침몰시켰다. 또 한 개의 배도 침몰하려고 하고 있다. 재물로 일어난 참으로 비극적인 이야기다. 그래서 『보왕삼매론』에서 말하기를, "이익을 분에 넘치게 바라지 말라. 이익이 분에 넘치면 어리석은 마음이 생기기 쉽나니, 그래서 성현이 말씀하시되 '적은 이익으로써 부자가 되라' 고 하셨느니라" 하였다.

이제 뭍은 얼마 남지 않았다. 강을 건너면 배를 버리고 영원히 떠나야 한다. 강을 건너고 나서 다 버려야 할 것이라면 우리는 지금 배 속어 가득 쌓아놓은 보물들을 미리 하나 둘 버릴 준비를 해야 한다. 저 멀리 뒤따라오는 젊고 패기 넘치지만 형편없는 배를 소유한 나그네에게 던져주기도 하고, 도저히 배를 저을 힘이 없는 사람에게 모터를 달 수 있도록 던져주기도 해야 한다. 하물며 남의 것을 뺏으려고 해서야 되겠는가.

가치 있는 삶과 재물 중에서 무엇이 먼저이고 무엇이 나중인지 한번쯤 생각해볼 일이다.

다섯 가지 욕심

어떤 사람이 거친 들판에서 놀다가 사나운 코끼리에게 쫓기게 되었다. 그는 코끼리를 피해 달아나다가 몸을 피할 작은 우물을 발견했다. 그 우물 옆에는 나무뿌리 하나가 있고, 그는 곧 그 나무뿌리를 잡고 내려가 우물 속에 몸을 숨겼다. 그때 위를 쳐다보니 검은 쥐와 흰 쥐 두 마리가 나무뿌리를 번갈아 갉아먹고 있었고, 그 우물 사방에는 네 마리 독사가 그를 물려고 하였으며, 우물 밑에는 독룡(毒龍)이 배회하고 있었다.

그는 독사가 두렵고 나무뿌리가 끊어질까 걱정되었다. 그런데 그 나무 위에는 꿀벌집이 있어서 나무를 흔들자 벌들이 뛰쳐나와 그를 쏘았다. 또 들판에서는 불이 일어나 그 나무를 태우고 있었다. 그 와중에 꿀벌 집에서는 꿀물이 다섯 방울씩 그의 입에 떨어졌다. 그는 달콤한 꿀맛에 취해서 어려운 상황을 잠시 잊었다.(『불설비유경(佛設譬喻經)』)

위의 이야기는 부처님께서 승광왕(勝光王)에게 늙고 병들어 죽음이 우리 턱 밑에 와 있음을 알리고, 다섯 가지 욕심인 재물과 색욕과 식욕, 명예, 수면에 빠지지 말 것을 훈계하시면서 한 비유이다.

거친 들판이라는 것은 끝없는 무명(無明)의 긴 밤을 비유한 것이며, 나무뿌리는 사람 목숨의 비유이다. 검은 쥐 흰쥐는 밤과 낮의 비유이며, 쥐가 나무뿌리를 갉아먹는 것은 목숨이 줄어드는 것을 비유한 것이다. 불은 늙음과 병을 비유한 것이며, 독룡은 죽음을 비유한 것이다. 네 마리 독사는 우리가 죽으면 육체가 산산이 부서져서 돌아가는 지수화풍(地水火風) 사대(四大)를 비유한 것이며, 꿀물은 다섯 가지 욕심을 비유한 것이다.

여기서 문제가 되는 것은 다섯 방울의 꿀물이다. 우리의 삶이 백척간두에 닿아 아슬아슬한데도 우리 인간들은 그 꿀맛에 취해서 근본적인 고통과 문제를 잠시 잊고 사는 것이다.

첫 번째의 꿀물은 재물욕(財物慾)이다. 우리나라 최고의 부호들은 평생 돈을 모으고 세고 보관하는 데 인생을 다 허비한다. 죽을 때까지 어디에다 투자해야 하나 머리를 굴리다 어느 날 갑자기 죽어버린다. 그러나 손에 쥐고 가는 것은 하나도 없다. 우리는 어렸을 적에 모래로 소꿉장난을 한다. 그 모래로 집과 금은보화와 자동차를 만들지만 해가 지고 어머니가 부르면 다 팽개치고 집으로 들어가 버린다. 그러면 그 모래 작품들은 다 무너져버린다. 재물이라는 것은 그와 같은 것이다.

두 번째의 꿀물은 색욕(色慾)이다. 우리는 결혼이라는 제도를 만들었다. 자기 배우자 외의 사람들과 부적절한 관계를 가지면 문제가 된다. 그러나 인간의 욕심은 끝이 없어서 사회적 합의를 무시하고 일탈을 하는 사람들이 생겨난다. 매스컴에 자주 나오는 강간이나 불륜으로 인한 이혼이 여기에 해당한다.

세 번째 꿀물은 식욕이다. 이 식욕이라는 것은 음식에 대한 과도한 탐닉을 말하는 것이다. 옛날 로마시대의 네로 황제를 비롯한 그의 신하들은 산해진미의 음식을 준비해두고 한 음식을 먹은 후에 새의 깃털을 이용해서 토해내고 다시 다른 음식을 먹었다고 한다. 이것은 음식에 대한 배신이자 과도한 집착이다. 요즘은 좋은 음식이 넘쳐나는 시대이다. 필요한 만큼만 먹고 사치하지 않는 지혜가 필요하다. 기름지고 입맛에 맞는 음식은 우리의 창자를 썩게 하고 빨리 죽게 한다는 것을 기억해야 할 것이다.

네 번째 꿀물은 명예욕이다. 많은 사람들 앞에 우뚝 서보려고 하고, 높은 지위에 올라가 모든 사람들의 칭송과 찬탄을 들으려는 것이다. 그런 높은 자리에 오르면 박수 소리에 귀가 먹고 권력에 눈이 멀고 재물에 이성을 잃어버린다. 그러나 이런 권력자들도 어느 날 부정으로 법을 어겨서 밧줄에 묶여 쓸쓸하게 퇴장하는 모습을 자주 본다. 그러면 그의 화려한 인생은 그곳에서 종결되고 아무도 그를 기억하지 않게 된다. 그래서 『채근담(菜根譚)』에서 말하기를, '내가 귀한 신분이라고 남이 나를 받드는 것은 나의 높은 관과 넓은 띠를 받드는 것이고, 내가 천하다고 남이 나를 깔보는 것은 나의 베옷과 짚신을 깔보는 것이니, 원래 나를 받들고 깔보는 것이 아니니 이것을 가지고 즐거워하고 화낼 필요가 없다' 고 말하고 있다. 사람들은 나를 좋아하는 것이 아니라 나의 관직과 권력과 힘을 좋아한다는 말이다. 그런대도 어떤 사람들은 위로 오르고 싶어서 줄을 대고 빽을 쓰고 야단들이니 우스운 일이다.

다섯 번째 꿀물은 수면욕이다. 잠에 대한 욕심이다. 선방 스님들은 부처님 성도재일 전에 일주일 동안 잠을 자지 않고 수행하는 용맹정진을 한다. 처음에는 힘이 들고 어렵지만 그래도 다 버텨낸다. 그래서 많은 잠은 우리가 살아가는 데 소용이 없으며 우리는 그 잠시간을 줄여서 수행을 하거나 공부를 하는 데 사용할 수가 있는 것이다. 과도한 수면은 우리를 나태와 게으름에 빠지게 하는 독인 것이다.

지금 우리의 목숨은 순간순간 줄어들고 있고, 늙음과 병의 무상의 들불이 순식간에 번지고 있으며, 독룡이라는 죽음이 불을 뿜으면서 기다리고 있다. 우리는 꿀물이라는 허깨비에 빠져서 인생의 근본적인 문제를 간과하지 말고, 바른 지혜와 생각으로 보다 의미 있는 삶을 살아가야 할 것이다.

마음공부

현대는 돈이 있으면

거의 못하는 것이 없는 물질만능의 시대다. 전화만 하면 슈퍼나 상점에서 물건이 배달되어 오고, 물만 부으면 음식이 만들어진다. 더 여유를 부린다면 집안 정리는 파출부를 불러서 설거지나 빨래를 시킬 수도 있다.

그래서 그런지 사람들의 머릿속에는 어떻게 하면 돈을 많이 벌 것인가, 어떻게 부자로 살 것인가 하는 생각들로 가득하다. 주객전도의 세상을 보고 있으면 사람으로 태어나 그렇게 재물에만 매달려 사는 것이 불쌍해 보일 따름이다.

톨스토이의 『사람에게는 얼마만큼의 땅이 필요한가』라는 우화는 인간의 허황된 욕심을 비판하고 있다.

한 농부가 있었다. 그 농부는 가난한 소작농이었지만, 돈을 거의 쓰지 않고 땅 사는 데 투자하여 자기 땅을 조금씩 넓혀가기 시작한다. 그러던 어느 날, 그는 한 촌장으로부터 하루 동안 걸어서 표시할 수 있는 모든 땅을 자신에게 주겠다는 제안을 받는다. 단, 반드시 해가 떨어지기 전에 자신이 출발했던 원래 위치로 돌아와야 한다는 단서가 붙는다.

농부는 되도록 많은 땅을 가지기 위해 중간에 쉬지도 않고 물도 먹지도 않고 달린다. 그리하여 죽을 고생을 한 후에 해가 지기 전에 많은 땅을 확보하고 돌아온다. 그리고 촌장으로부터 '농부 빠흠은 이제 많은 땅을 가지게 되었습니다' 하는 말을 듣는 순간, 그 자리에서 피를 토하고 쓰러져 숨진다. 그리하여 그는 2미터도 채 안 되는 무덤에 묻히는 신세가 되고 만다.(톨스토이의 『사람에겐 얼마만큼의 땅이 필요한가』)

이와 같이 우리는 아무리 많은 재산을 모아도 죽을 때는 한 푼도 가져가지 못하고, 다만 몇 평 안 되는 땅에 묻히는 신세가 되는 것이다.

요즘에는 인간이 이 세상을 이끌어나가는 것이 아니라, 오히려 인간이 물질과 기계의 수레바퀴에 끼어서 헤어나지 못하고 돌고 있다. 그 수레바퀴에서 잠깐 벗어나게 되면 신용불량자가 되고 노숙자가 되고 강도가 되고 세상을 비관하여 자살을 한다.

그래서 지금 현대 사회에서 제일 중요한 것은 밥이 아니다. 그보다 더 중요한 것은 부처님의 가르침인 자비로써 인간성을 회복하는 것이요, 바른 사회의 가치관을 정립하는 것이다. 그러기 위해서는 마음을 다스리는 공부를 해야 한다.

우리 육체는 인간의 모습으로 태어나서 죽을 때까지 크게 그 틀이 변하지 않는다. 그러나 우리의 마음은 그렇지 못하여 하루에도 수없는 사람들을 죽이고 살리기도 하고, 수없이 미워하고 좋아하기도 한다. 우리는 모든 것을 자기 위주로 생각해서 나에게 맞는 것이면 좋아하고 나하고 코드가 안 맞는 것이면 거리를 두고 싫어한다.

재미있는 이야기가 있다.

극락이나 지옥에는 겉으로 보기에는 아무 차이가 없고, 모두 같이 2미터가 넘는 수저들이 있다고 한다. 그런데 밥을 먹는 시간이 되면 지옥에서는 그 긴 수저를 가지고 혼자 밥을 먹는다고 한다. 혼자 먹으려고 발버둥치다가 끝내 한 숟갈도 먹지 못하고 배고파서 울부짖으며 괴로워한다고 한다. 반대로 극락에서는 두 사람씩 다정하게 앉아서 서로의 수저에 밥을 떠서 상대방의 입에 밥을 넣어준다고 한다. 아무리 긴 수저지만 서로 도와가면서 먹으니까 잘 먹을 수가 있는 것이다.

이처럼 사후에만 지옥과 극락이 있는 것이 아니라, 우리가 어떻게 마음을 쓰느냐에 따라서 지옥과 극락이 펼쳐지는 것이다. 이렇게 마음이 오락가락하니, 우리의 삶은 늘 힘들고 괴로운 것이다.

현대 사회는 불안과 고통의 사회다. 물질의 상대적 빈곤으로 인한 괴로움과 수시로 변하는 마음에 홀려서 늘 마음은 불안하고 무언가를 찾기 위해 방황한다. 마음을 다스리는 공부를 해야 근본적인 인간의 불안과 생로병사에서 벗어나 안락을 얻을 수가 있는 것이다.

마음공부는 마음속의 번뇌나 잡념을 자꾸 비워내는 것이다. 마음속의 생각을 줄이고 욕심을 줄이고 탐심을 줄여서 담담하게 만드는 것이다. 불교의 공부에는 염불이나 참선도 있으며, 위빠사나나 108배 3000배 같은 절 기도도 있다. 염불수행은 소원성취에 좋고, 참선이나 위빠사나는 마음의 평정과 지혜를 얻는데 좋으며, 절 기도는 그동안 알게 모르게 지었던 죄를 참회하고 하심(下心)하는 삶을 사는데 좋다.

행복해지고 싶다면 수행을 하자. 수행은 우리를 불안과 고통의 삶으로부터 자비와 평화의 삶으로 이끈다. 아무리 비바람이 불어도 삶의 중심은 항상 여여(如如)해서 운문(雲門) 스님의 말처럼 '날마다 좋은 날'이 될 것이다.

불교와 정치인

이제 대통령 선거가 얼마 남지 않았다.
그래서 대통령 선거에 출마하려는 후보자들은 밤잠을 안자고 선거에 열을 올리고 있다. 이들은 가장 많은 표를 가지고 있는 불교의 표를 의식해선지 부쩍 절을 찾는 횟수가 많아졌다. 얼마 전 불교를 크게 비방하고 공인답지 않은 행동을 한 어느 대통령 후보와 총무원장 스님이 만나는 장면이 신문과 뉴스에 나오더니, 이제는 다른 후보가 대형 사찰을 돌며 주지 스님을 만나는 모습이 매스컴에 나왔다.

우리 불교도 원만한 관계를 위해서는 정치인들과의 어느 정도의 유대관계는 필요하다고 본다. 하지만 동등한 관계가 아닌 아부나 빌붙는 행위는 미간을 찌푸리게 한다. 서울을 하나님께 봉헌하겠다고 공언했던 사람을 공개적으로 지원하는 스님도 나타났다. 참으로 안타까운 일이다.

요즘에는 불교계 주요 인사와 정치인들이 악어와 악어새처럼 붙어 다니지만, 얼마 전까지도 우리 스님들은 위정자들에게 당당했다.

1952년 육이오 동난 당시 부산에 피신해 있던 정부의 대통령은 이승만이었다. 그때 부산 범어사에서 전몰장병 위령제를 거행하게 되었다. 이날 행사를 주관하는 스님은 동산 스님이었는데, 대통령이 한 시간이나 늦게 도착하자 스님은 잔뜩 화가 나 있었다. 동산 스님이 법당에 들어서니 중절모를 쓴 대통령이 유엔군 사령관에게 부처님을 손가락으로 가리키며 뭐라고 설명을 하고 있었다. 이 모습을 본 스님이 느닷없이 소리를 질렀다.

"이보시오! 일국의 대통령이라는 분이 감히 어디서 부처님께 손가락질을 하고 있단 말이오! 당장 손가락을 치우시오!"

"아이쿠, 이거 제가 실수를 했소이다. 이 외국인에게 부처님을 소개해 드리느라고 그만 그렇게 됐소이다."

동산 스님은 거기에서 끝나지 않고 법당 안에 들어왔으면 누구나 모자를 벗어야 한다고 한 번 더 큰소리를 쳤다. 그러자 이승만 대통령과 유엔 사령관은 놀라 얼른 모자를 벗었다.

이날 합동 위령제를 마치고 돌아간 이승만 대통령은 동산 스님을 다시 뵙고 좋은 법문을 듣고 싶었다. 지금까지 당당하게 나서서 대통령 자신에게 호통을 친 사람은 김구 선생과 동산 스님 두 명뿐이어서 더욱 그랬다. 그래서 백성욱 내무부 장관을 보내서 스님을 극진히 모셔오도록 했다.

그러나 동산 스님은 대통령의 초청을 거절했다.

"대통령이든 소통령이든 나를 보려면 자기가 와야지 내가 와 가노?"

다음 일화는 성철 스님이 백련암에 주석하실 때이다.

1977년 구마고속도로 개통식에 참석했던 박정희 대통령이 서울로 올라가는 길에 해인사를 들르게 되었다. 대통령을 보좌하는 사람들은 방장인 성철 스님이 당연히 큰절 해인사로 내려와서 대통령을 영접하라고 요구했다. 해인사 주지 스님은 부랴부랴 백련암으로 올라가 성철 스님께 통사정을 했다.

성철 스님은 한동안 아무 말이 없다가 딱 한 마디를 했다.

"나는 산에 사는 중인데, 대통령 만날 일이 없다 아이가."

다시 다른 많은 스님들이 올라와서 사정을 했지만 스님은 끝내 큰절로 내려가지 않았고, 박정희 대통령과 성철 스님과의 만남은 끝내 이루어지지 않았다.(『큰스님 큰 가르침』, 윤청광)

이처럼 지난날 스님들은 위정자들과 크게 교우가 없었음에도 당당했고 불교세가 꺾이지 않았다. 오히려 그렇게 권력자들과 거리를 두고 산 덕택에 큰스님께서 입적하시자 전국의 수백만 불자들이 찾아와 인산인해를 이루었던 것이다. 지난 과거를 보면 종교가 권력에 아부하며 산적도 있었지만 그 영화는 오래가지 못했고, 다 자력으로 일어나서 퍼져나갔던 것이다.

다른 종교에서는 자기 종교의 번창과 세 확장을 위해서 정책적으로 정치인을 육성하고 정치 단체를 후원하며 막강한 힘을 과시하고 있다. 어떤 종교 단체에서는 정치인 수십 명에게 자금을 대고 자기 종교가 츠구하는 방향으로 정책이 되고 입법이 되도록 로비를 하고 있다고 한다.

그러나 정치로 이룩한 종교는 한계가 있다. 그렇게 이룬 종교의 융성은 뒤가 구리고 비리가 있기 마련이고 언젠가는 그것이 상처가 되어서 곪아 터질 때가 있다. 권력도 무상한 것, 힘이 약해지면 아부하던 사람들도 모두 떠나기 마련이다.

불교는 그런 권력에 너무 의지하려 하지 말고 보다 더 근본적인 것에 귀를 기울일 줄 알아야 한다. 정치인들을 배척하라는 것이 아니라 더 중요한 것에 힘을 써야 한다는 것이다. 위로 가지 말고 밑으로 내려가서 서민들을 보듬어주는 불교가 되어야 한다. 힘들고 고통 받는 이들의 아픔과 소리를 들어야 한다. 기회주의와 술수가 아닌 진정 종교인의 자세를 보이면, 정치인들도 와서 무릎을 꿇고 콧대 높던 사람들도 와서 고개를 숙이게 되어 진정 불교는 융성하고 번창할 것이다.

불살생

옛날 어떤 도인이 어린 한 사미를 길렀다.

그 도인은 사미가 이레 뒤에는 반드시 목숨을 마칠 것을 예감했다. 그래서 그에게 말미를 주어 집에 돌려보내면서 이레가 되거든 돌아오라고 하였다. 사미는 스승을 하직하고 집으로 돌아가는 도중에 개미들이 물을 따라 떠내려가면서 곧 죽게 된 것을 보았다. 그는 자비심이 생겨 입고 있던 가사를 벗어 거기에 흙을 담아 물을 막고, 개미를 집어 마른 땅에 올려놓아 개미들이 모두 살게 도와주었다. 이레가 되어 그는 스승에게로 돌아갔다. 스승은 이상히 여기고 선정에 들어 관찰하였다. 관찰해 보니 그 사미가 다른 복은 없는데 그렇게 된 것은 개미를 구제한 인연임을 알았다. 그 인연으로 사미는 좋은 과보를 받고 이레 만에 죽지 않고 더 수명을 늘리게 되었다.(『잡보장경(雜寶藏經)』)

『잡보장경(雜寶藏經)』의 「사미가 개미를 구제하고 수명이 길게 된 인연」이야기다. 살아있는 생명을 귀하게 여기고 살려줌으로써 받은 좋은 과보를 받게 되었다는 내용이다.

불자들이 지켜야 할 계율 중에 첫 번째는 살생하지 않는 것이다. 사람을 포함해서 살아있는 모든 것에 대한 살생의 멈춤이다. 살아가다 보면 자의반 타의반 살생을 할 수도 있다. 부득이하게 병을 옮기는 파리나 모기를 잡을 수도 있고, 농사를 짓는 벼에서 해충이 발생해서 그 해충을 없애기 위해 약을 뿌릴 수도 있다. 또 먹고 살기 위해서 살생을 할 수도 있다. 이렇게 부득이한 경우를 제외하고는 살생을 해서는 안 되는 것이다. 사람이 스스로 목숨을 끊는 자살이나 사람을 시켜 남을 시해하거나 죽음을 찬탄하는 것도 다 불살생계를 위반하는 것이다.

언젠가 몇몇 아이들이 논에서 개구리를 잡는 것을 본 적이 있다. 아이들은 개구리를 이리 몰고 저리 몰아서 몇 마리 잡았다. 그러더니 재미삼아 때리고 땅바닥에 내리치더니 결국에는 쇠꼬챙이로 마구 찔러서 죽였다. 그 아이들은 재미삼아 아무 생각 없이 그 일을 하고 있었다. 내가 다가가서 함부로 살생을 해서는 안 된다며 말리자, 아이들은 기분 나쁘다는 듯이 가버렸다. 물론 나도 어렸을 적에는 그렇게 아무 생각 없이 살생을 한 적이 있었다. 화가 난다고 개구리에게 돌을 던져 상처를 내고, 재미삼아 메뚜기나 잠자리를 잡아 죽이고 죄책감을 느끼지 못했던 때가 있었다.

그때를 생각하면 철없던 시절의 그 행동이 부끄럽다. 그러나 요즘에는 어른 사이에서도 그런 일들이 벌어지고 있다. 가을이 되면 여기저기서 축제가 벌어진다. 꽃 축제나 과일 축제, 나비 축제 같은 것 중에서 유난히 눈에 거슬리는 몇몇 축제가 있다. 전어 축제, 보신탕 축제, 주꾸미 축제, 한우 축제 같은 것들이 여기에 해당된다. 살아있는 것을 잡아 목을 따고 숨을 끊어 죽이는 것인데 그것이 무슨 좋은 일이라고 축제를 연다. 살생하는 축제라니 정말 아이러니하다. 보신탕 축제는 비난이 이어지자 다행히 없어졌다고 한다. 그러나 나머지 축제는 여전히 이어지고 있다.

우리는 먹고 살기 위해서 최소한으로 동물을 양식으로 삼을 수는 있다. 하지만 살아있는 동물을 가지고 죽여가면서 굳이 축제를 한다는 것은 살아있는 생명에 대한 모독이자 생각 없는 인간들의 수치이다. 동물들이 발버둥을 치면서 살려달라고 애처로운 모습으로 쳐다볼 것인데 그 목에 비수를 꽂으면서 춤을 추고 술을 마시며 축제를 하자니 우스운 일이다. 먹고 살기 위해서라면 어쩔 수 없는 일이지만 축제는 너무하다는 생각이 든다.

불살생은 광범위하게 환경보존도 포함된다. 얼마 전 한 스님이 천성산을 지키기 위해서 나섰을 때, 사람들은 벌떼같이 일어나서 인터넷에 악성 댓글을 달며 비난했다. 길을 돌아서 가야 하니까 멀어서 불편하고 당장 공사업자가 손해를 본다는 것이다. 이런 사람들은 당장 눈앞의 이익만 생각하고 살기 때문에 자연을 파괴하고 굴을 뚫지만 그로 인해서 파괴되는 자연이나 동식물들을 일체 고려하지 않는다. 그런 개발행위가 더 많아지면 그것은 더 나아가 지구 파괴로 이어진다. 당장 굴 하나 더 만들고 편해진다고 해서 우리가 더 행복해지는 것은 아니다. 기계문명이 갈수록 발달하고 편해지는 지금 불행한 사람은 더 많아지고 자살자는 옛날보다 훨씬 더 많이 늘어나는 것이 그 증거이다. 우리는 차가 없이 걸어 다닐 때도 지금보다 행복했다. 지금 온 지구가 온난화로 요동을 치는 이유도 더 편해보자고 더 돈 벌어보자고 자꾸 부수고 뚫고 없어도 될 상품을 만들다보니 벌어진 결과이다. 우리는 당장 굴이 하나 없어도 살 수 있지만, 지구가 병들면 공룡이 어느 날 갑자기 사라지듯 인류가 완전히 멸망할 수도 있다는 사실을 알아야 한다. 그렇게 보면 환경 파괴는 인류를 완전히 멸망하게 하는 가장 큰 살생이라고 볼 수 있다. 그러니 오히려 환경운동가들에게 항상 고맙다고 해야 한다. 환경운동가들의 생각은 지금은 하찮은 환경파괴지만 먼 훗날 큰 재앙으로 번질 수 있는 일을 미리 막아보자는 취지의 생각이다. 그런데도 남들이 하니까 나도 따라서 아무 생각 없이 비방하는 사람들이 부지기수다. 불살생은 사람을 포함해서 모든 생물들을 잘 보살피고 서로 잘 살아보자는 것이다. 불살생은 더 나아가 환경을 보호하고 아끼는 것도 포함된다. 나를 사랑하는 만큼 남들을 배려하고 아끼는 마음이 앞장설 때 불살생 계율은 더 잘 지켜질 것이다.

불행 속에 희망이 있다

　　세상에는 행복과 불행이 항상 공존하고 있다. 그러나 우리는 항상 행복만을 추구하고 불행은 멀리하려 한다. 그렇게 행복만을 찾다가 어느 날 불행이 찾아오면 그만 감당을 하지 못하고 넘어지고 만다.

　　그러나 비가 와야 땅이 더 단단해지고 굳어지듯이, 시련의 과정을 거쳐야 우리는 비로소 세상을 넓고 크게 보는 지혜를 얻을 수가 있는 것이다.

　　우리는 흔히 부처님께 일상적인 기도를 할 때, '우리 집에 항상 행복과 기쁨만 가득하게 해 달라'고 한다. 그러나 나중에 불행이 찾아오면 부처님 영험이 없다면서 실망하게 된다.

　　이제는 기도를 달리해서 '거룩하신 부처님. 내가 어떠한 고난이나 어둠 속을 헤매더라도 부처님의 자비와 가피력을 받아서 이 난관을 슬기롭게 헤쳐 나갈 수 있는 힘과 용기와 지혜를 주십시오' 하고 기도를 해야 한다.

세상을 살아가다 보면 세상을 긍정적으로 보는 사람들이 세상을 바꾼다. 긍정적인 사람들은 실패가 찾아오고 고난이 닥쳐와도 그 속에서 희망을 찾으려고 한다.

에디슨은 역사상 가장 훌륭한 발명가다. 그는 우리가 쓰는 건전지를 개발할 때 25000번이나 실패를 거듭한 끝에 발명했다.

누군가 에디슨에게 물었다.

"당신은 건전지를 실험할 때 2만 5000번이나 실패를 하지 않았습니까?"

에디슨이 대답했다.

"아니오, 나는 실패를 한 것이 아니라 건전지가 잘못되는 2만 5000가지 방법을 발견했을 뿐입니다."

에디슨은 건전지를 발명할 때 한 25000번의 시행착오를 실패라고 보지 않았다. 그것도 다 실패의 발명이라고 기막힌 발상 전환을 한 것이다. 실패를 실패로 보지 않음으로써 더 높이 성장할 수 있었던 것이다.

일본의 한 농촌에 큰 태풍이 몰아닥쳤다. 마침 사과를 수확할 철이 다가오고 있었는데 태풍으로 인해서 사과의 대부분이 떨어져버렸다. 대다수의 농민들이 일손을 놓고 자포자기에 빠졌다. 어떤 사람은 앞으로 살아갈 날을 걱정했고, 어떤 사람은 사과를 재배하느라고 쓴 인건비와 농약 값의 손해를 계산하며 걱정을 했다. 어떤 사람은 사과나무를 뽑아내고 다른 작물로 교체를 하려고 생각을 했다.

그렇게 모든 농부들이 하늘만 바라보고 있을 때, 그 중에 한 농부는 떨어진 사과보다 남아 있는 사과를 어떻게 팔 것인가를 고민하고 고민했다. 그는 생각 끝에 마을 사람들과 상의해서 판매촉진위원회를 발족시켰다. 그리고 선물 상자마다 ‘풍속 53.9미터의 강풍에도 절대 떨어지지 않은 사과’라고 써서 대학입시 합격기원의 부적으로 판매에 나섰다.

일명 ‘행운의 사과’의 탄생이었다. 그런 강풍에도 떨어지지 않은 사과이면 우리 자식들이 그 사과를 먹고 시험을 보면 꼭 시험에 붙을 것이라는 신념으로, 수험생을 둔 집안에서는 너도나도 앞 다투어 이 사과를 샀다. 판매는 대성공이었다. 수확한 사과의 숫자는 줄었지만, 사과가 아닌 입시 부적으로 팔았기 때문에 몇 배 아주 비싸게 팔 수 있었고, 결국 태풍 피해를 잘 이겨낼 수 있었다.(『청소 안하는 여자』, 한경희)

평소에도 웃는 모습의 긍정적인 사람이 일을 잘 풀어간다. 어려움에 처했을 때도 얼굴을 찡그리고 좌절해 있는 사람보다 그 어려움을 기회로 삼는 사람이 성공하는 것이다. 대부분의 농민들은 좌절해서 손을 떼고 실의에 빠져 있었지만, 오직 한 농민만은 실패 속에서 희망을 보았던 것이다.

주위에는 하는 일이 잘 안 되서 가게 문을 닫은 사람, 아들이 속을 썩여서 괴로운 사람, 집 나간 자식이 돌아오지 않아서 가슴이 아픈 사람, 결혼하고 자식이 없어서 힘든 사람, 나이는 먹어가는 데 시집 장가를 못가서 괴로운 사람 등 많은 사람들이 있다.

그러나 우리는 그 불행 속에 빠져만 있지 말고, 불행을 응시하그 그 이유를 파악하고 잘못을 찾아내야 한다. 그래서 개선하고 앞으로 나아갈 수 있는 새로운 길을 찾아야 한다. 이처럼 적당한 불행은 우리가 발전하고 커가는 데 소금 같은 존재이며, 나중에는 그것이 더 큰 행운으로 돌아올 수 있다. 불행 속에 큰 희망이 들어있는 것이다.

그래서 지금 좋은 일만 있는 사람들은 앞으로 다가올 좋지 않은 날을 위해서 늘 대비하는 마음을 가져야 한다. 그리고 지금 하는 일이 잘 되지 않아서 힘들고 괴로운 사람들은 부처님께서 나중에 더 큰 행복을 주려고 지금 이렇게 작은 시련을 주는가보다 생각하고 용기와 희망을 가지고 항상 감사하는 마음으로 살아가야 할 것이다.

아름다운 노후를 준비하자(1)

얼마 전까지만 해도 집 마당에 튤립이 만개하더니
이제는 모두 져버리고, 이제는 노란 창포 꽃이 흐드러지게 피었다. 이처
럼 자연은 수시로 성주괴공(成住壞空) 즉, 생겨나서 머물다가 소멸되어
비어 없어지는 일을 반복하고 있다. 그렇듯이 사람에게도 나고 늙어 병들
어 죽는 생로병사가 있다.

부처님께서는 왕자의 신분일 때, 성문 밖에 나왔다가 허리가 굽어 늙은
사람, 병들어 고통 받는 사람, 길가에 쓰러져 죽어가는 사람을 보았다. 그
리고 이런 모습을 본 부처님은 인생의 무상을 느끼고 생사의 근분 문제를
극복하기 위해 출가를 결심했던 것이다.

부처님께서는 『증일아함경』에서 이렇게 말씀하셨다.

매우 사랑스러운 세 가지가 있어 세상 사람들이 탐낸다. 그 세 가지란 어떤 것인가.

첫째는 젊음이요, 둘째는 건강이요, 셋째는 목숨이니, 이것이 바로 매우 사랑할 만하여 세상 사람들이 탐내는 세 가지이다.

그러나 비록 젊었더라도 반드시 늙을 것이요, 건강하더라도 반드시 앓을 때가 있을 것이요, 목숨이 있더라도 반드시 죽을 것이니, 이것은 사랑할 것이 못되어 세상 사람들이 탐내지 않는 것이다.(『증일아함경』삼공양품)

우리 인간은 20세 전후로 성장이 거의 완료되고 이후로는 노화의 과정이 시작된다고 한다. 20세 전후까지 성장을 완료한 뇌세포는 하루에 보통 10만개씩 감소하기 시작하여 대략 65세가 되면 감소의 영향이 몸에 나타난다고 한다.

이렇게 우리 앞에는 노년 생활이 다가오고 있다. 그래서 이왕이면 다가오는 노년을 미리 준비해서 보다 우아하고 좀 품위 있게 늙는 것이 좋을 것이다.

그러면 우리는 어떻게 노후를 대비하고 준비해야 할까. 그래서 노년생활을 위한 준비 몇 가지를 열거해 보았다.

첫째는 건강이다. 아무리 돈이 많고 시간이 많아도 몸이 아프면 아무 소용이 없다.

요즘에는 직장인들이 스트레스를 많이 받아서 술과 담배를 많이 피운다. 화가 나면 줄담배를 피우고 밤에는 동료들과 폭탄주를 마시면서 스트레스를 푼다. 그러니 몸의 장기가 좋을 날이 없다. 그러니 사오십 대가 되어서 갑자기 암이라는 사형과 같은 판정이 나오기도 한다.

그래서 우리는 항상 마음과 음식을 절제할 줄 알아야 한다. 그래서 건강을 관리하는 사람은 60대에도 30대 못지 않은 체력을 가진 사람도 있고, 반대로 40대에 몸을 함부로 써서 60대의 몸이 된 불쌍한 사람들도 있다.

두 번째는 경제적 자립을 해야 한다.

부처님 당시에 부처님을 따르는 재가신자 중에는 상인들이 많았다. 그래서 부처님께서는 재물을 성실히 벌어서 바르게 베풀며 살라고 말씀하셨다.

모은 재물은 네 등분해서
한 몫은 옷과 음식을 공급할 때 쓰고
두 몫은 사업하는 데 쓰며
한 몫은 저장하여 부족을 메우어라.
(『별역잡아함경』제 14권 한글대장경(인터넷판))

마지막 부분에 '한 몫은 저장하여 부족을 메우어라' 고 하셨는데, 이 말은 저장하여 노후를 대비하라는 뜻으로도 해석할 수가 있다. 노후를 위해서 장기보험에 들어가든가 아니면 국가에서 운영하는 연금을 꾸준히 냄으로써 먼 훗날 도움을 얻을 수가 있는 것이다.

옛날에는 자식 농사만 잘 지어 놓으면 자식이 노후를 잘 보장해 줄 것이라고 생각했다. 그러나 요즘에는 그런 생각이 많이 바뀌고 있다. 이제는 부모들이 나이 먹어서 자식 밑에서 불편한 삶을 살지 않겠다고 생각한다. 그래서 두 부부가 나이가 들어 정년을 퇴임하고 보다 나은 노후를 살기 위해서 시골로 이사를 하는 사람들도 있다. 이제는 자식의 그늘에서 벗어나서 스스로 살 수 있을 정도로 준비를 해야 한다.

여유가 없이 맞이하는 노년은 힘들고 쓸쓸할 수가 있다. 나이가 들면 몸이 아프기 마련이고 또 많은 치료비가 들어간다. 그래서 지금부터라도 얼마 정도는 따로 저축하여 노년을 준비해야 할 것이다. ─

아름다운 노후를 준비하자(2)

세 번째는 좋은 친구 만들기이다.

나이가 먹으면 사회의 주류에서 벗어나게 되고 만나는 사람이나 찾아오는 사람들이 줄어들게 되면 사람들은 외로움을 느끼게 된다. 이럴 때는 함께 늙어가며 서로 위안이 될 수 있는 가족이나 친구가 필요하다.

퇴직을 하면 마땅히 할 것이 없다. 그래서 남자들은 친구들과 등산을 한다든가 낚시를 간다든가 하고, 반면 여자들은 쇼핑을 같이 간다든가 계 모임을 만들어서 자주 모인다. 이런 것들은 하찮은 것 같지만 그렇지가 않다. 좋은 친구는 노년을 살아가는데 삶의 큰 윤활유가 될 것이다.

넷째는 사회참여와 봉사활동이다.

이웃에게 베풀고 봉사하는 삶은 가장 가치 있는 삶이다. 좋은 일을 하면 남들만 기분이 좋을 것 같지만 사실은 자신이 가장 많은 혜택을 받는다. 우선 좋은 일을 하면 자신이 가장 기분이 좋아진다. 갱년기의 우울증이나 불안이 들어올 자리가 없다. 그리고 하루 좋은 일을 함으로써 하루 좋은 선업을 쌓아 미래를 저축하는 것이 된다. 그래서 부처님의 자비 정신으로 길거리의 풀꽃에서부터 동물이나 사람에 이르기까지 베풀고 봉사하겠다는 마음을 잊지 말아야 할 것이다.

다섯째는 신행활동의 생활화를 해야 한다.

일제 때 김석원(金錫源, 1893-1978)이라는 장군은 매일 관세음보살을 지극한 마음으로 불렀다. 1937년의 중일전쟁 때 장군은 산서성(山西省) 전투에서 가슴에 총탄을 맞고 그만 그 자리에 쓰러졌다. 그런데 일어나 보니 하나도 다친 데가 없이 멀쩡하였다. 이상히 여겨서 자세히 보니 가슴에 넣고 다닌 관세음보살 호신불에만 구멍이 뚫려있었다. 이러한 기적이 모두 관세음보살의 보살핌 때문이라는 것을 깨달은 장군은 그 뒤부터 하루에 관세음보살을 만 번씩 불렀다. 사무를 보면서도 관세음보살, 전쟁터에서도 관세음보살을 불러, 잠시도 입에서 관세음보살을 뗀 적이 없었다고 한다(『영원으로 향하는 마음』, 일타 스님).

김석원이라는 장군은 매일 매일 기도를 생활화 했고, 기도의 위력으로 부처님의 가피력을 받아 가슴에 날아오는 총알도 불상이 막아낸 것이다.

우리는 살아가면서 많은 어려움과 부딪치게 된다. 그럴 때는 간절한 기도를 해보자. 모든 것을 다 잠시 쉬고 내 욕심 많았던 마음을 내려놓고 기도를 해야 한다.

기도 하면 무슨 절에서만 하는 것으로 알고 있는데, 그렇지가 않다. 집에서 불상을 모시고 아니면 경전을 앞에 두고 얼마든지 기도를 할 수 있다. 아침마다 관세음보살 정근이나 108배 절을 하고 마지막으로 자기가 바라는 기도를 하면 된다. 하루를 시작하는 아침에 온 가족이 부처님 앞에 앉아서 한 오 분이나 십 분 정도 기도를 하고 나가면 하루하루가 날마다 행복하고 즐거울 것이다.

나이가 많이 드신 분들은 아미타불 기도를 하는 것도 좋다. 천수경을 하고 아미타불 염불을 알맞게 하고 마지막에 '내가 죽으면 서방정토 극락세계에 태어나게 해 주세요'고 기도를 하는 것도 좋다.

여섯 번째는 항상 죽음을 준비해야 한다.

나는 매일 아침 찬물로 목욕하고 정정한데 무슨 소리를 하느냐고 생각하는 분들도 계실 것이다. 하지만 죽음이란 항상 예측을 할 수가 없다. 갑자기 교통사고가 날 수도 있고 산을 오르다가 추락사 할 수도 있다. 당장 내일이라도 며칠 못살고 죽을 것이다는 판정을 받을 수도 있다. 감나무가 익은 감만 떨어지는 것이 아니라 땡감도 많이 떨어지는 것과 같은 이치이다.

그래서 죽음이란 무엇이며 어떤 것인가를 이해해야 한다. 우리 불교에서는 사람이 죽는다고 해서 모든 것이 다 끝난다고 생각하지 않는다. 불교에서는 삶이 수레바퀴처럼 돌고 돈다는 윤회를 말한다. 과거에 지은 업이 현재에 투영되고 현재에 지은 업이 미래에 투영되어 생활로 나타난다는 것이다. 그래서 우리 불자들은 항상 바르게 살도록 노력해야 한다. 현생에서 바르고 정직하게 사는 동시에 우리는 미래를 준비를 해야 한다.

먼저 유서를 써서 준비해야 한다. 유서를 써서 재산 배분 문제라든가 하고 싶은 말을 해야 한다. 또 본인이 죽으면 화장을 할 것인지 아니면 매장을 할 것인지 정해두는 것도 좋다. 그리고 사후 장기를 기증하기로 한 분들은 미리 주위 사람들에게 알려줘야 다른 사람들을 살리는데 도움을 줄 수가 있을 것이다.

항상 삶은 유한하고 흘러가버린다는 것을 알고 보다 알차게 살아야 한다. 그리고 미리미리 노후를 준비하여 보다 아름다운 노후를 영위하시기 바란다.

4부

지금 이 순간 행복하라

어떻게 살 것인가

요즘 사람들을 만나보면 모두 죽겠다는 소리를 많이 한다. 장사가 안 되서 죽겠다, 사업이 안 되서 죽겠다, 남편이 바람을 펴서 죽겠다, 아들이 말을 안 들어서 죽겠다고 말한다. 이렇게 죽겠다는 소리는 많이 하는데 살맛난다는 사람은 거의 없다. 모두다 현실에 만족하지 못하고 있는 것이다. 우리는 더 많은 재물과 더 높은 명예와 더 자극적인 쾌락을 찾아다니는 촛불 앞의 한 마리 나방 같다. 인간의 탐욕은 끝이 없는데 현실은 그 수요를 충족시키지 못해 벌어지는 현상이다.

부처님 같은 위대한 성인을 제외하고는 인간은 불완전한 존재이다. 마치 비가 내려 곧 허물어지려는 절벽 위에 한껏 폼을 잡고 피어있는 산유화라고나 할까. 그래서 세상사에 늘 부딪치고 충돌하며, 그 결과 최악의 상황까지 가면 화를 내고 싸우기도 한다. 아무리 물질문명이 발전해서 육체적으로 편해졌다고 해도 우리 마음까지 행복해 진 것은 아니기 때문이다. 물질문명이 발전할수록 오히려 우리의 영혼은 더 방황하게 되고 척박해지고 있는 실정이다.

나 자신도 완전하지를 못해서 주위의 일들이 마음대로 되지 않으면 화를 내고 인상을 쓰고 있는 나 자신을 보게 된다. 마음이 급해져서 일이 느리게 진척되면 '빨리빨리'를 연발하며 재촉한다. 기분이 좋을 때는 넓은 바다도 담을 것 같은 나의 마음이 화가 나면 바늘 하나 꽂을 자리도 없어져 버리는 것이다. 짜증을 내고 화를 내고 나면 남는 것은 허탈함과 후회뿐이다. 그리고 자신을 돌아보게 된다. '우리는 꼭 이렇게 살아야만 하는 것인가, 어떤 것이 지혜로운 삶인가' 하는 생각을 하게 된다.

우리들은 모두 사후(死後) 세계에 관심이 많다. 앞으로 어떻게 될지 잘 모르며 미래가 불투명하기 때문이다. 그래서 사후에 극락에 태어나기를 원하며 모두 다 지옥은 싫어한다.

그러나 옛날의 스님들은 극락과 지옥이 엄연히 현실에도 존재하고 있다고 하였다.

노부시게라는 무사(武士)가 하쿠인 선사를 찾아와 이렇게 물었다.

"극락과 지옥이라는 게 정말로 있는 것입니까?"

“선생은 누구시오?” 선사가 물었다.

“나는 사무라이입니다.” 무사가 대답했다.

그 대답을 듣고 하쿠인 선사가 큰소리로 외쳤다.

“군인이라! 선생이 호위하는 주인은 도대체 어떤 사람이오. 당신 몰골이 꼭 거지꼴이니.”

무사는 너무나 화가 나서 칼집에서 칼을 뽑으려 하였지만, 선사는 아랑곳하지 않고 말을 계속했다.

“선생은 칼을 가지고 있군요! 당신 칼은 너무 무뎌서 내 머리는 못 자를 거요.”

노부시게가 칼을 뽑아들자 하쿠인 선사가 말했다.

“이제야 지옥문이 열렸군요!”

이 말을 듣고, 그 사무라이는 선사의 가르침을 깨닫고 칼을 다시 칼집에 꽂고 선사에게 절을 올렸다.

그의 절을 받고 선사가 말했다.

“이제야 극락의 문이 열립니다 그려!”

(『나를 찾아가는 101가지 선 이야기』)

일본의 하쿠인 선사는 무사와의 대화를 통해서 우리들 마음속에도 극락과 지옥이 존재한다는 것을 보여주었다.

불교 인과법에 따르면, 사후의 세계는 의외로 간단하다. 현실의 삶 속에서 좋은 일을 하고 선행을 많이 하면 좋은 극락에 가고, 극악무도한 나쁜 일을 많이 한 사람은 지옥에 간다는 것이다. 그러니 이생에서 잘 사는 것이 중요하다. 힘들고 고난이 닥쳐와도 부처님의 가르침에 따라 희망을 잃지 않고 사는 것이다. 매사에 긍정하며 감사하며 사는 것이다. 행복과 불행은 늘 같이 다닌다는 것을 잊지 않고 행복이 찾아오면 늘 조심하고 불행이 찾아와도 포기하지 않고 담담하게 받아들여 새로운 삶을 개척해 나가는 일이다.

우리는 그렇게 살아야 할 그만한 이유가 있다. 우리는 세상에서 가장 중요하고 소중한 존재이기 때문이다. 화를 내면 소리나 말은 퍼져나가지만, 그 독은 고스란히 남아 내 마음과 가슴에 깊은 상처를 준다. 화는 소중한 자신을 파괴하는 독화살이며 적이다.

죽겠다는 생각을 접고 한 생각 바꿔보라. '가지고 있는 쌀이 겨우 한 되가 아니라 한 되나 되는 군' 하고 생각해보라.

모든 것은 내 마음 속에 달려 있다. 지옥 같은 삶을 살 것인가. 아니면 한 생각 바꿔서 극락 같은 삶을 살 것인가.

오후의 산책

오후에 잠시 시간이 나자
지팡이 하나를 들고 밀짚모자를 쓰고 숲속으로 향했다. 자연 속의 산책은
나에게 생각하고 성찰할 수 있는 시간을 줘서 좋다. 바삐 살아가는 와중
에도 삶의 중심을 잃지 않고 한가함을 찾으려는 것은 모두에게 있어 중요
한 일이다.

숲속에 들어오면 벌써 기운이 달라지고 머리가 상쾌해진다. 길옆에는
노란 물레나물이나 선홍색 꿩의다리, 하얀 까치수염 꽃들이 피어있고 숲
속에서는 이름 모를 새들이 아름답게 노래 부른다.

인공의 소리는 우리를 들뜨게 하고 화나게 한다. 건설 현장의 쇠 자르
는 소리나 돌 깨는 소리, 망치소리 같은 것들은 우리의 귀를 아프게 하고
짜증나게 한다. 그러나 자연의 소리는 우리에게 휴식과 평화를 가져다준

다. 계곡의 물 흐르는 소리나 새소리, 나뭇잎들이 바람에 부딪치는 소리 등 숲속의 소리는 사람 마음을 평온하게 해준다.

　부처님의 가르침도 우리에게 기쁨과 행복을 가져다주는 자연의 소리이다. 부처님의 말씀에는 인공의 조미료도 없고 색소도 없으며 불쾌하게 만드는 쇳소리도 없다. 다만 계곡의 맑은 물처럼 맑고 힘차며 숲속의 바람처럼 시원하고 숲속의 딸기 열매처럼 달콤함을 가져다준다.

　부처님의 가르침 중에는 육바라밀(六波羅蜜)이 있다. 우리 불자들이 지키고 실천해나가야 할 실천덕목이다. 나는 산책을 하면서 여섯 가지 가르침을 생각하고 자연물 중에 그에 합당한 것이 무엇이 있을까 생각해 보았다.

　첫째는 보시(布施)로서 남에게 베푸는 것이다. 보시라고 하면 단연 으뜸은 나무들이다. 나무들은 자신이 가지고 있는 것을 모두 내어준다. 봄이 되면 나무에는 실로 많은 벌레들이 붙어서 그 잎을 뜯어먹고 산다. 그러나 나무들은 내색을 하지 않고 담담하다. 여름이 되면 많은 새들이 몰려오고 나무는 새들의 보금자리가 되어 준다. 다시 가을이 되면 열매가 열리고 나무들은 아낌없이 그 열매들을 배고픈 동물들에게 나누어 준다. 나무가 수명을 다 하고 죽으면 나무는 그 죽은 몸을 벌레들이 살게 한다. 아낌없이 주는 나무들은 보시의 상징이라 할 수가 있다.

　둘째는 지계(持戒)로서 항상 건전하고 올바른 생활을 하는 것이다. 지계는 숲속 동물들의 생활이라고 할 수가 있다. 야생동물들은 자연의 섭리에 따라 날이 밝으면 일어나 먹이를 찾고 해가 지면 숲속에 들어가 쉰다. 동물들은 특별한 욕심이 없으며 오직 자연의 법칙에 따라 살아갈 뿐이다.

셋째는 인욕(忍辱)으로 능히 참고 이겨내는 것이다. 그냥 참는 것이 아니라 참기 어려운 것을 참는 것이다. 길은 평생 동안 자기의 온몸을 던져서 보시한다. 차바퀴가 수시로 지나가고 젊은 여자의 하이힐 굽이 바닥을 후벼 파며 지나가기도 한다. 때로는 인간의 편의에 따라 길을 파고 배관을 묻기도 하고 인공의 시멘트나 아스팔트로 포장을 하기도 한다. 그러나 길은 모든 것을 다 받아들이며 온몸으로 보시한다.

넷째는 정진(精進)이다. 정진은 보다 원만하고 의미 있는 삶을 위하여 끊임없는 노력으로 수행에 힘쓰는 것이다. 정진 하면 단연 물이 으뜸이다. 계곡의 물은 결코 멈춤이 없이 흐른다. 물 앞에는 수많은 바위와 장벽이 있다. 절벽을 지나기도 하고 어느 날은 모래 밑으로 스며들기도 한다. 그러면서 평야를 지나고 강을 만나고 드디어 바다라는 최종 목적지의 품에 안기는 것이다. 물은 결코 스스로 멈추지 않으며 항상 흐르려는 습성이 있다. 처마 밑의 낙숫물은 비록 약한 것 같지만 바위를 뚫는 위력을 발휘한다. 결국 자기의 뜻한 바를 이루는 추진력이 있는 것이다.

다섯째는 선정(禪定)이다. 선정은 삼매(三昧)라고도 하며, 마음이 하나의 대상에 집중하여 흔들림이 없는 적정(寂靜)의 상태를 말한다. 선방의 스님들이 주로 하는 참선이나 위빠사나 수행이 여기에 속한다. 자신을 돌아보는 것 중에 선정만큼 좋은 것이 없다. 선정에 맞는 자연물로는 바위가 으뜸이다. 바위는 수백 수만 년을 한 자리에 앉아 부동의 자세로 수행하고 있다. 태풍이 불어와도 흔들림이 없고 계곡의 거센 물결이 들이쳐도 꿈적 않고 깊은 선정에 들어있다. 수행하려면 바위 정도는 되어야 할 것이다.

마지막 여섯 번째는 지혜(智慧)이다. 이 지혜는 다른 불교용어로 반야(般若)라고 한다. 지혜는 나쁜 소견을 버리고 참다운 지혜를 얻는 것을 말한다. 이 숲에서 지혜에 합당한 것을 찾으라면 모든 것을 포용하고 감싸안고 사는 산이라고 할 수 있다. 산은 집안의 가장처럼 의젓하고 할아버지처럼 포근하다. 살쾡이와 새들이 부딪치고, 물과 불이 부딪치지만 산은 다 포용한다. 노루도 살고 독사도 살지만 산은 어느 것 하나 버리지 않고 다 품에 안는다.

돌아오는 길에 물가에 가서 발을 담그고 누워 흐르는 구름들을 바라보다 돌아왔다. 오늘 산책은 부처님의 가르침을 되새길 수 있어서 좋았다.

올 한해 부자 되세요

　　　　　　　묵은해가 가고 새해가 왔지만
우리들의 소망은 대부분 몇 가지로 한정되어 있다. 그 관심의 중앙에는
보통 건강과 부자 되는 것이 두 축을 이룬다. 그만큼 부자 되는 것을 바라
는 사람들이 많다는 것이다.

　부처님께서는 건전한 경제 활동을 권장하셨다. 부정한 돈이나 나쁜 일
을 저질러서 모은 것이 아니라면, 바르게 벌어서 좋은 곳에 쓰는 것을 장
려하셨던 것이다.

　그러면 어떻게 재산을 모아야만 하는가.

　첫째, 부처님께서는 처음부터 너무 큰 것을 바라지 말고 적은 데서부터
시작하라고 말씀하셨다. 부처님께서는 『아함경』에서 '재물을 쌓되 적은
데서 시작하라. 마치 여러 꽃에서 꿀을 모으는 벌처럼 재물은 날마다 점

점 불어나 결코 줄거나 소멸되지 않으리라’ 하고 말씀하셨다. 꿀벌을 찬찬히 관찰해 보면 쉴 새 없이 부지런히 일을 한다. 게으름이라고는 찾아볼 수가 없다. 그 조그만 것들이 언제 꿀을 모을까 생각하지만, 가을이 되면 어느 덧 많은 꿀을 모은 것을 보게 된다. 처음부터 큰 재물을 바라지 말고 적은 재물이라고 하찮게 생각하지 말고 조금씩 끈기 있게 모으는 게 중요하다.

두 번째, 계획적인 생활과 근검절약을 해야 한다. 부처님께서는 『별역잡아함경』에서 ‘모은 재물은 네 등분해서 한몫은 옷과 음식을 공급할 때 쓰고 두 몫은 사업하는 데 쓰며 한 몫은 저장하여 부족을 메우리라’ 말씀하셨다. 말씀의 의미는 계획성 있게 살라는 뜻이다. 절약하는 주부들은 몇 백 원하는 콩나물 하나를 살 때도 더 깎으려고 한다. 그리고 매일 가계부를 써서 지출과 수입을 비교하며 앞으로의 계획을 세운다. 이번에 쓸 만큼 실컷 쓰고 남은 돈은 적금해야겠다고 하면 절대로 재물을 모으지 못한다.

세 번째, 부지런해야 한다. 부자로 살고 싶다면 특히 아침에 게으르지 말아야 한다. 조사에 의하면 대부분의 부자들의 생활 패턴이 아침형인간이라고 나와 있다. 아침 일찍 일어나서 그날 해야 할 일을 준비하고 계획하는 사람들이다. ‘일찍 일어나는 새가 먹이를 잡는다’ 는 서양속담이 있듯이 잘 살려면 게으르지 말고 부지런해야 한다.

이제는 모은 재산을 어떻게 써야 하는가에 대해 말해보겠다.

옛날 영국의 어느 공작은 6펜스의 마차 삯을 아끼기 위해 자기 사무실에서 어둡고 음습한 밤길을 걸어 집으로 돌아가곤 했다. 그러나 그가 죽고 나서, 생전에 자기가 가장 미워하던 친척에게 수백만 파운드의 재산이 상속되었다. 그 당시에 재산을 물려받을 만한 자손이 없었던 것이다. 살아있을 때 죽어라고 벌어서 자기의 원수에게 주는 꼴이 되고 말았던 것이다. 그래서 모은 재물은 적절하게 쓸 줄도 알아야 하는 것이다.

첫째, 주위 사람들을 비롯해서 어려운 이웃을 위해 선행을 베풀 줄 알아야 한다. 조건 없이 베푸는 것은 결국 다시 좋은 평판으로 자신에게 돌아오기 마련이다.

두 번째, 자기가 좋아하고 가치가 있다고 생각하는 것에 써야 한다. 어떤 사람은 교육에 관심이 있어 평생 모은 거금을 기증해서 학교를 설립한 경우도 있고, 어떤 사람은 힘들게 사는 집 없는 이들을 위해 건물을 지어 기증하는 사람도 있다.

세 번째는 노후대책을 세워야 한다. 살아있을 때 자기의 모든 재산을 아들이나 딸들에게 다 물려주고 자식들에게 몸을 의지하는 사람들도 있다. 그러나 모든 재산을 다 물려주는 순간부터 자녀들은 부모를 대하는 자세가 차츰 달라진다. 비정하게 들릴지 모르지만 재산을 모두 자식들에게 물려주는 순간, 부모는 재력이 없는 늙고 볼품없고 어린애 같은 노인네로 전락하게 된다. 그래서 전 재산을 자식들에게 다 물려주지 말고, 자기 앞으로 얼마간의 재산은 끝까지 가지고 가야 한다. 요즘은 노후에 대비해서 나와 있는 보험 같은 것이 많이 있는 것 같다. 그런 곳에 하나씩 가입해서 안전한 노후를 맞이해야 한다.

요즘은 젊은 사람들이 벤처를 하다가 증권 상장을 해서 갑자기 데 부자가 되는 경우가 있다. 그러나 영원한 부자는 없다. 어느 날 갑자기 주가가 폭락해서 주식이 휴지조각이 될 수도 있고, 어느 순간 부도로 빈 털털이로 될 수도 있는 것이다.

부처님께서는 제행무상(諸行無常)이라고 해서 모든 것은 멈춤이 없이 끊임없이 흐른다고 하셨다. 그래서 부자가 어느 날 망하여 가난한 사람이 되기도 하고, 아주 가난한 집안에서 어느 유능한 젊은이가 태어나서 집안을 크게 일으키기도 한다. 그래서 내가 부자이고, 그러므로 나는 다른 사람과 특별하고 잘났다는 자만심은 버려야 한다. 그렇게 부자가 되어서 주위에 베풀지 않는다면 아무 의미가 없다. 오히려 원성과 비난을 받게 되고 그 재물은 얼마 가지 않게 된다.

새로운 한해를 맞이해서 모두가 부자 되었으면 좋겠다. 그래서 그 재물을 항상 어둡고 힘든 이웃에게 베풀어주는 마음씨 훈훈한 가정이 되기를 바란다.

의심하지 말라

요즘 사람들은 의심이 많다.
세상이 하도 수상하게 돌아가다 보니 사람이 사람을 잘 믿지 못하는 사회가 된 것이다. 사람들은 기도의 공덕이나 수행의 공덕이 있는가 하고 묻곤 한다. 나는 죽어라고 기도를 해도 발전이 없이 이처럼 힘들게 살고 있는데, 어떤 사람은 못된 짓만 하면서도 떵떵거리면서 잘 살고 있다고 불만을 토로한다. 그러니 정직하게 살고 열심히 기도 하고 수행하는 것이 삶에 무슨 의미가 있느냐고 되묻는다. 그러나 기도를 하고 수행을 하고 보시나 좋은 일을 하면 다 좋은 과보를 받는 것은 당연하다. 콩 심은데 콩 나고 팥 심은 데 팥 나는 것과 같은 이치이다. 현생에 그 과보를 못 받더라도 다음 생에라도 다 과보를 받기 마련이다.

부처님 당시에도 그런 의심을 가진 제자들이 있었나 보다.

어느 날 부처님은 가비라위국 니구타 숲에 계셨다.

그때 재가불자 석마남이 부처님 처소에 찾아와 자신의 고민을 털어놨다.

"세존이시여, 이곳의 백성들은 편안하고 평화롭지만 저는 항상 불안합니다. 만약 미친 코끼리와 내닫는 수레와 뛰어오는 말과 미쳐서 달려오는 사람이 저에게 와서 부딪치면, 그때 염불하는 마음을 잊게 되거나 부처님 법과 스님네를 생각하는 마음을 잃어버릴 것 같아 걱정입니다. 만약 삼보를 생각하는 마음을 잃어버리면 목숨을 마칠 때, 어떤 갈래에 들어가서 어떠한 과보를 받을 것인지 생각했습니다."

그러자 부처님께서 말씀하셨습니다.

"너는 그런 때를 당해도 두려워하는 생각을 내지 말 것이니, 목숨을 마친 후에는 좋은 곳에 태어나고 나쁜 갈래에 떨어지지 아니하며 나쁜 과보도 받지 않을 것이다. 비유컨대 큰 나무가 처음 생장할 적부터 항상 동쪽으로 쓰러져 있었다면, 그 나무를 베어낼 때 마땅히 어떤 쪽을 향하여 넘어지겠느냐? 이 나무는 반드시 동쪽을 향하여 넘어진다고 알아야 한다. 너 또한 그와 같으니, 오랫동안 착한 일을 행했으므로 나쁜 갈래에 떨어져서 나쁜 과보를 받는다는 것은 있을 수 없는 일이다."

그러자 부처님의 말씀에 확신이 선 석마남은 부처님께 예배를 하고 자기가 있던 곳으로 돌아갔다.(『별역잡아함경』 권 8-155, 축약)

석마남이라는 불자는 평상시에 선행을 많이 하고 기도를 많이 한 모양
이다. 그런데 아직까지 확신이 서지 않았다. 내가 이렇게 열심히 선행을
해서 무슨 소용이 있단 말인가, 내가 이렇게 열심히 수행을 해서 무슨 이
익이 있단 말인가 하고 의심을 한다. 그래서 부처님께 나아가 거기에 대
해 여쭙는다. 그러자 부처님께서는 동쪽으로 기울어져 자란 나무의 비유
를 들며 말씀하신다. 이미 동쪽으로 기울어져 자란 나무는 지금까지 쌓아
온 좋은 선행과 기도 공덕을 의미한다. 부처님께서 그렇게 기운 나무를
자르면 과연 어디로 기울겠느냐고 물으신다. 나무는 이치상 당연히 기운
쪽으로 쓰러지기 마련이다. 부처님께서는 좋은 선행을 많이 하고 기도와
수행을 많이 한 불자들은 아무 걱정이 없을 것이라고 말씀하시며 타일러
서 보낸다.

우리가 한 마음 먹은 것은 그것이 다 영원으로 이어져서 과보로 돌아온
다. 세상 삶은 다 질서가 있고 순서가 있기 마련이다. 우연이란 없는 것이
다. 당장 어떤 사람이 못된 짓을 하면서도 떵떵거리며 사는 사람들이 있
다. 그런 사람들은 전생에 많은 좋은 일을 해서 그렇게 잘 살 수 있다. 그
러나 그 좋은 업보가 다 끝나면 분명히 현생의 잘못 산 나쁜 과보를 받을
것이다. 이생에 못 받으면 다음 생에라도 이어져서 받을 것이다.

어떤 신도는 백일동안 죽어라고 열심히 기도를 했지만 뜻을 이루지 못
했다. 그러자 나를 찾아왔다. 그리고 이 절 부처님이 영험이 없는 것 아니

냐고 물었다. 그러나 그것은 그 절 부처님이 영험이 있고 없는 것과는 다르다. 내 스스로가 얼마나 간절했는가를 돌아봐야 한다. 내가 얼마나 태만하고 중간에 정성이 부족했는가를 돌아봐야 한다. 기도는 늘 눈앞에 바로 가피를 나타내는 것만은 아니다. 그 기도는 지금 당장 소원성취를 이루지는 못했지만, 그 꿈이 무르익어가는 과정으로 보면 되는 것이다. 당장 행정고시는 합격하지 못했지만 나중에 합격할 수 있는 씨앗과 밑거름을 만들어서 다음 해에 합격하는 이치와 같은 것이다.

우리 스님들이 출가해서 가장 먼저 배우는 『초발심자경문(初發心自警文)』에 보면 '三日修心 千載寶 百年貪物 一朝塵' 이라는 말이 있다. '삼일 동안 닦은 마음은 천년의 보배이고, 백 년 동안 탐한 물건은 하루아침에 티끌이 되고 만다' 는 뜻이다. 한 눈 팔지 말고 열심히 수행 정진하자는 말이다.

모든 행동과 생각은 다른 사람들에게 영향을 끼치고 다시 나에게 과보가 되어서 돌아온다. 그러니 이제는 의심하지 말고 열심히 수행하고 기도를 하라.

요즘 거리를 지나다 보면

식당 간판에 '원조 할매집' 이라는 간판이 가끔씩 눈에 띈다. 바로 그 옆에는 '진짜 원조 할매집' 이라는 간판이 떡하니 붙어있다. 이런 간판들도 원래는 '할매집' 이었다. 그러나 사람들이 믿지를 못하고 의심하니까 '원조' 가 붙고 '진짜' 가 붙어서 길어진 것이다. 그래도 안 먹혀들면 30년 전통, 50년 전통이라는 문구가 부가적으로 따라 들어간다. 더 지나면 '오리지날 진짜 원조 할매집' 이 나올지도 모른다.

'빛' 이라는 단어는 우리에게 희망을 주고 광명을 주는 단어다. 그런데 언제부턴가 그 빛이라는 단어도 모자라서 슬그머니 '참 빛' 이라는 단어가 생겨나서 여기저기 거리를 장식하고 있다. 빛이면 빛이지 어떻게 참 빛이 있단 말인가. 또한 우리는 아무 조건 없이 남을 위하여 도움을 줄 때는 '봉사하다', '최선을 다하다' 라는 말을 한다. 그런데 요즘에는 그것도 모자라서 '섬기다' 라는 말을 쓰고 있다. 그러나 '섬기다' 라는 말은 아랫사람이 윗사람을 대할 때 쓰는 말로써 맞지 않는 말이다. 하인도 아니고 종도 아닌데 왜 그런 말을 쓴단 말인가. 노래가사도 '아름다운' 이라는 단어가 '진짜 아름다운' 이 되고, '좋아해' 를 넘어 '진짜진짜 좋아해' 라고 해야 먹혀든다. 자신의 이익을 위해서 왠지 오버하는 문구를 쓰는 것 같아 역겨워 보일 때가 있다.

사물의 표현에는 그 이름에 걸 맞는 것이 있기 마련이다. 그런데 강조하는 언어들이 난무하며 돌아다닌다는 것은 이 사회가 그만큼 경쟁이 치열하고 불신이 팽배해 있다는 반증이다. 바꿔 말하면 욕망이 더 커졌다는 반증이다.

불가에서는 '중물이 든다', '중물이 빠진다' 는 말을 한다. 속세의 때가 빠지고 불교의 관습이나 부처님의 가르침을 오롯이 받아들여 배워가는 과정을 '중물이 든다' 고 말한다. 그렇게 중물이 들었다고 해서 다 되는 것이 아니다. 중물이 잘 들었으면 적당히 뺄 줄도 알아야 한다. 흰 무명옷에 먹물을 들였다면 적당히 문질러서 빼야 품격과 품위가 나는 이치와 같다. 처음 승려가 되면 풀 옷을 칼날이 서도록 다려 입고 자기가 스님이라는 상(相)에 빠져서 어깨에 힘을 주고 목을 빳빳하게 세우고 다는 때가 있다. 이렇게 승려라는 상에 잔뜩 들었다면 이제는 그 상을 빼야 하는 것이다.

내가 법랍이 많다는 상도 내지 않고, 내가 많이 안다는 상도 내지 않고, 있는 듯 없는 듯이 대중들과 어울려서 사는 것이다. 흔히 사교입선(捨敎入禪)이라는 말하고도 일맥상통한다. 공부를 배워 마쳤으면 그 공부를 가공하고 제련하여 버릴 것은 버리는 과정에 들어가는 것이다.

요즘의 세태를 보면 물을 들일 줄만 알았지 버릴 줄은 모르는 시대가 되어 버렸다. 서로 잘났다고 과시하고 내세우고 자기의 상을 내세우는 데만 혈안이 되어 있다. 더 많이 가지려고만 하지 버리려고 하는 사람은 거의 보지 못했다.

진정 성숙된 사회가 되려면 들인 물을 적당히 빼주는 과정을 거쳐야 한다. 날카롭게 칼날이 든 풀 옷이 여기저기 마찰을 하면서 적당하게 숨이 죽어야 한다. 식당에서 할매집이라고 하면 옆집에서 경쟁심을 자극하는 원조 할매집이라고 할 것이 아니라 다른 뭔가가 나와 야 하는 것이다. 차원을 달리하는 그 집만의 개성과 노하우가 들어있는 이름이 붙어야 하는 것이다.

그래서 노자는 『도덕경』에서 이르기를, '도(道)가 없어지면 인(仁)이니 의(義)니 하는 것이 나서고, 가족 관계가 조화롭지 못하면 효(孝)가 나서고, 나라가 어지러워지면 충신이 생겨난다' 고 하였다.

보다 순수하게 살았던 아메리카 인디언들은 칭찬이나 아첨, 과장된 매너, 지나친 예절은 진실하지 못하고, 말을 많이 하는 사람은 야만적이고 사려 깊지 못한 사람으로 취급하였다. 그러나 현대의 사회는 말의 홍수 시대다. 말을 잘해야 인기가 있고 돈도 많이 벌수 있다. 그래서 말의 표현도 강렬해지고 접두사가 많이 붙게 되었다. 진실한 말이 아닌 상대방의 기분을 맞추려고 나온 단어들이 득세를 한 것이다.

원래 우리의 삶은 이렇게 복잡하지 않았다. 그러나 언제부턴가 더 많은 욕망이 생기면서 사람들은 다투기 시작했다. 더 많은 돈을 벌어보겠다고 너도나도 거리에 식당과 술집과 여관을 세웠다. 그래서 세상은 순전히 인간의 욕심 때문에 복잡해졌다. 이렇게 세상이 복잡해지니 법이 필요했고 법을 어기는 사람들이 나오니까 판사니 변호사니 검사니 하는 사람들이 생겨난 것이다. 사실 진정한 이상사회는 대통령도 없고 도지사도 없고 경찰도 없고 판사도 없어야 한다. 그래서 효도니 의리니 충성이니 예의니 하는 것들이 다 없어야 진정 좋은 사회가 되는 것이다.

욕망을 약간 줄이고 조금 느리더라도 마음이 행복해지는 사회가 되어야 한다. 그러기 위해서는 이제 너무 많이 든 물을 빼내야 한다. 버릴 것은 버리고 간소화해야 한다. 그러면 거추장스럽게 달라붙은 '원조'니 '진짜'니 '참'이니 하는 단어들은 우리들의 말속에서 발붙일 곳이 없어져 사라지고, 보다 담백하고 아름다운 사회가 다시 찾아올 것이다.

지금 이 순간 행복하라

일생동안 시계를 만드는데 전념해온 사람이 있었다. 아들은 어느 덧 잘 자라서 성인이 되었다. 그러자 그는 성인이 된 아들에게 자기가 직접 만든 특별한 손목시계를 선물했다. 그런데 그 시계는 특이하게도 시침은 동으로 분침은 은으로 초침은 금으로 만들어져 있었다.

아들이 궁금해서 물었다.

"아버지, 시침이 가장 크니까 금으로 장식하고 가장 가는 초침은 동으로 만드는 것이 정상 아닌가요?"

아버지가 고개를 흔들며 말했다.

"아니다, 애야. 초를 잃는 것이야말로 금을 잃는 것과 마찬가지다. 1초를 아끼지 않는 사람이 어찌 시간과 분을 아낄 수 있겠니. 그러니 초침이야말로 당연히 금으로 만들어져야 되는 것이다.”(『세상 누구도 가르쳐 주지 않는 인생의 참 지혜』)

　　주어진 현재의 삶에 최선을 다하고 충실하라는 교훈의 이야기다.

　　우리는 살아가면서 가끔씩 생각의 오류를 범하곤 한다. 사과나무의 뿌리와 몸통을 잊어버리고 오직 그 열매의 맛만을 기억하고 생각한다. 그러나 실상을 보면 사과나무에 양분을 빨아들이는 뿌리와 비바람에도 버틸 수 있는 줄기, 태양의 정기를 받아들이는 이파리가 있었기에 열매가 가능했던 것이다. 그것은 세상의 시간이 수많은 초들의 조합으로 이루어진 것을 간과하고 오직 분이나 시를 더 신봉하는 것과 다를 것이 없다.

　　우리는 지금도 오늘 할 일을 내일로 미루고, 오늘의 행복도 내일로 미룬다. 우리는 수시로 ‘나중에 할게’라고 말한다. 모든 가치 있는 일들을 미룬 채 밤새도록 흥청망청 술을 마시거나 노름이나 여색에 빠진다. 그것이 잦아지고 깊어지면 습관이 되어서 인생을 다 망치게 만들기도 한다.

　　또 어떤 사람은 부인에게 말하기를 ‘내가 돈 많이 벌면 행복하게 해줄게’, ‘여유가 생기면 한번 멋진 인생을 살게 해줄게’라고 말한다. 그리고 그 나중이 며칠이 되기도 하고 몇 달이 되기도 한다. 그러나 우리에게 나중이라는 단어는 모호하다.

　　우리는 언제 떨어질 줄 모르는 감나무 위의 감들이다. 비바람이 치고

난 다음 날에는 수북이 쌓인 덜 익은 감을 보게 된다. 그 사람이 말한 대로 나중에 많은 돈을 벌고 많은 시간이 생길 수도 있다. 그러나 그 때는 당신의 동료가 이미 죽었거나 아니면 이미 좋은 날을 다 보내버리고 살날이 얼마 남지 않은 때일 것이다. 그러니 나중이 우리에게 무슨 의미가 있는가. 그러니 지금이 바로 중요한 것이다.

나도 한 때는 행복이 먼 미래에 있는 것으로 착각했다. 나는 여유로운 시간이 생기면 산간에 아담한 토굴을 짓고 평생 한가하게 살겠다고 생각했다. 나는 수행을 더 많이 해서 부처님의 마음에 더 가까이 갈 때 더 행복할 것이라고 생각했다.

그러나 그것이 아니었다. 일은 날마다 생겼고, 뜻하지 않는 일들이 자주 나타났다. 그렇게 미루다가는 나의 행복은 찾을 수가 없을 것 같았다. 그래서 나는 그 마음을 바꾸었다. 순간순간 주어진 시간에 충실하고 최선을 다 하기로 하였다. 지금 생각하면 나는 참 잘했다고 생각한다. 그때는 가진 것이 없어도 참 행복한 때였다.

우리는 순간순간을 행복하게 살도록 노력해야 한다. 어떤 사람은 행복을 미룬 채 평생 돈을 모아 집을 사는 것에 목숨을 걸고, 어떤 사람은 평생 옳고 그름을 판단하는 재판을 하다가 주위에 아름다운 꽃들이 피고 새들이 우는 소리를 놓쳐버린다. 또 어떤 사람은 무모한 복수심과 질투심에 불타서 남을 해치는 생각만 하다가 죽어가는 불쌍한 사람도 있다. 나 자신은 세상에서 제일 중요하다. 내가 있기에 세상이 있는 것이다. 그렇게 중요한 나 자신에게 행복을 주지 못하고 학대해서야 되겠는가.

나중이라고 말하지 말고 지금 현재에 충실해야 한다. 지금 현재에 행복해야 한다. 현재를 즐기고 삶을 즐길 줄 알아야 한다. 바쁘게 장사를 하다가도 가끔씩은 화단의 꽃을 보며 아름다움을 즐길 줄 알고, 힘든 삼교대 근무를 마치고 오다가도 밤하늘의 별을 감상할 줄 알며, 힘들게 들판에 나가 노동을 하다가도 작은 나비의 날개 짓에 기쁨을 느낄 수 있는 여유가 있어야 한다. 바쁜 와중에도 삶의 여유를 가질 줄 알아야 진정으로 멋진 사람이다.

인생은 이 우주의 긴 시간에 비하면 너무나 짧다. 봄이 와서 꽃이 피고 새가 우는 것 같더니 곧 열매가 맺히고 낙엽이 지는 가을이 온다. 나중이라고 말하기에 인생은 너무 짧고 빠르다. 지금 이 순간 진정으로 미소를 지을 줄 알아야 한다. 지금 이 순간 바쁘더라도 잠시 세상의 소리를 다 끄고 자신을 돌아볼 수 있는 여유를 가져야 한다.

진생진사

근래에는 학력을 속여
멋지게 폼을 한번 잡다가 망신을 당하는 사회 저명인사들이 이슈화되고
있다. 그중에는 종교인도 들어가 있어 내 자신이 부끄럽다. 소위 말하는
폼생폼사(form生form死)이다. 풀이하면 겉으로 드러나는 형식이나 외형
에 살고 죽는다는 말이다. 제법 그럴 듯도 하고, 요즘 세상 돌아가는 모습
과 맞아 떨어진다. 사람의 성품이나 바른 근본은 무시하고 겉모습으로 나
타난 외형을 더 중시하는 사회가 되어버린 것이다.

한국 사람들은 유난히도 폼생폼사를 중시한다. 옛날 선비는 밥을 굶었
어도 남들 앞에서는 밥을 먹은 척 이쑤시개로 이를 쑤셨다고 한다. 현대
도 크게 달라진 것은 없다. 결혼식을 올리더라도 예단을 많이 사오고 화
려하게 해야 체면이 선다. 적게 구입해왔다가 나중에 부부싸움을 하고 파

혼하기도 한다. 차를 구입할 때, 능력이 안 되는 데도 불구하고 남들이 보는 것 때문에 경차는 쳐다보지도 않고 중형차 이상을 고집한다. 아파트도 굳이 큰 평수를 고집하고, 돈이 없어도 분수에 맞지 않게 명품을 구입하고 사치를 한다.

그러나 일본은 그렇지 않다. 그 나라는 오히려 작은 것을 더 좋아한다. 차도 작고 집도 작다. 커 보았자 기름만 많이 들고 좋을 것이 하나도 없기 때문이다. 그 나라는 남의 눈치를 보지 않고 자기의 경제에 맞게 사는 것이다.

당나라 숙종 때, 위산(衛山)의 한 바위굴 속에 라찬 스님이 숨어 살고 있었다. 숙종 황제는 어디서 들었는지 그 스님이 훌륭하다는 소문을 듣고, 칙사를 보내 국사로 모셔오도록 했다. 칙사는 황제의 명을 받들어 폐백 예물을 준비하고 갖은 위의를 갖춘 후 스님을 찾아갔다.

스님은 바위굴 속에 쭈그리고 앉아 있었다. 칙사가 시중드는 사람을 시켜 황제의 조칙을 받들어 왔으니 스님은 마땅히 일어나 은혜에 답하고 조서를 받으라고 외쳤으나, 스님은 들은 척도 하지 않고 쇠똥을 말려 피워 놓은 불을 뒤적거리면서 그 속에서 익은 감자만 찾아먹고 있었다. 코에서 말간 콧물이 줄줄 나오는 것도 씻지 않은 채 감자만 먹을 뿐, 아무런 반응도 보이질 않았다.

어이가 없어서 칙사가 웃으면서 스님에게 말했다.

"스님, 우선 그 콧물이나 좀 닦으십시오."

"흥, 사람들 보기 좋으라고?"

이렇게 핀잔만 주고는 스님은 계속 감자만 먹었다. 그리고 끝내 일어나 맞아 주지를 않았다. 칙사는 돌아가서 황제에게 그대로 보고했다. 그 말을 전해들은 숙종 황제는 라찬 스님을 더욱 우러러보고 사모했다고 한다.(『행복한 마음』, 김정섭)

가식이나 위선을 모두 벗어던진 진정한 도인이라는 생각이 든다. 남의 눈치 안보고 나의 생각에 따라 당당하게 살아가는 것, 남이 뭐라고 하든지 나의 삶을 열심히 살아가는 것이 결코 쉬운 일은 아니다.

칙사가 콧물을 닦으라고 하자, '흥, 사람들 보기 좋으라고?' 말했던 스님의 말이 자꾸 걸린다. 나 같으면 잘 보이려고 칙사 앞에서 코를 흘리지도 않았을 것이고, 옷매무새도 단정하게 고쳤을 것이다. 나 자신을 돌아보면 체면과 늘 남들에게 잘 보여야한다는 생각으로 전전긍긍했다. 남들 앞에서는 머리에 뭐가 많이 든 척했고, 잘난 척했다. 지금 우울하고 힘들지만 행복한 척했고, 현 상황이 어렵고 힘들지만 즐겁고 일이 술술 잘 풀리는 것 같이 행동했다. 결국 나는 세상에 당당하지 못했다는 증거다.

어떻게 보면 문명사회라는 것이 고도로 발달된 형식의 조합이라는 생각이 든다. 현대는 배워야 할 것도 많고 제약도 많으며 지켜야 할 것들도 많다. 우리는 형식이라는 틀 속에서 감시당하며 살고 있는 것이다. 반면에 옛날의 문명을 그대로 이어가고 있는 정글의 원주민들은 간단한 부족의 형식만 지키면 되고 비교적 자유로움 속에서 살고 있다. 그들 일주민들과 현대인의 행복을 비교하면, 오히려 그들이 훨씬 더 행복하다고 한다. 결론적으로 형식과 겉모습이라는 것이 우리를 옥죄고 억압하고 있는 것이다. 그래서 임제(臨濟) 스님은 '그대들이 어디를 가나 주인공이 되기만 한다면 선 자리 그대로가 모두 참되어서 어떤 외적인 조건이라도 그대들을 뒤바뀌게 하지 못 한다' 라고 말하였다. 우리 인간에게 거미줄처럼 무수히 걸려있는 형식이나 체면의 틀을 깨고 언제 어디서나 주체적으로 살라는 말이다. 또한, 시인 신동엽은 「껍데기는 가라」는 시에서 '알맹이만 남고 껍데기는 가라' 고 외쳤다.

남들이 서로의 아파트 평수를 비교하든 말든 그들의 혀에 놀아나지 말고 당당하게 살아가야 한다. 좀 가난하다면 명품을 사느라고 재산을 탕진하는 우를 범하지 말고 분수에 맞게 소비를 해서 남은 돈을 저축해야 한다. 남들이 자기 아파트를 명품으로 장식하고 치장하든 말든 자기의 내면을 키우기 위해서 독서를 하고 지혜를 길러야 한다.

폼생폼사가 밥 먹여 주지 않는다. 겉모양과 껍데기라는 그 틀을 벗고 진실에 살고 진실에 죽는 진생진사(眞生眞死)의 삶이 불자로서 나아가야 할 바른 삶의 자세일 것이다.

진정한 친구

　　　　　원만하게 사회생활을 해 나가려면
합당한 지식과 적당한 재물도 필요하지만 무엇보다도 중요한 것은 원만
한 인간관계이다. 특히, 인생의 기쁨과 슬픔을 함께 나눌 수 있는 진정한
친구가 많이 있다면 더 없이 좋을 것이다.

　진정한 친구는 좋은 일이 있을 때는 잘 눈에 띄지 않는다. 스스로 잘
드러내지 않는다. 그러다가 내가 어려움에 처하고 의지할 곳도 없을 때,
선뜻 나타나서 나의 어려움이나 괴로움까지도 이해하고 보듬어주는 사
람이다.

　친구를 사귀려면 많이 참고 인내해야 한다. 서로 의견이 달라 언쟁이
일어날 수도 있다. 그러나 둘 중에 하나가 더 인내해야 둘 사이의 우정은
이어지는 법이다.

그래서 『보왕삼매론(寶王三昧論)』에서 말하기를 '친구를 사귀되 내가 이롭게 되기를 바라지 말라. 내가 이롭고자 하면 의리를 상하게 되나니, 그래서 성인이 말씀하시되 순결로써 사귐을 길게 하라하셨느니라.' 하고 말하였다.

중국 춘추전국시대의 제나라에 관중과 포숙아라는 두 사람이 살았다. 젊어서 둘이 장사를 할 때, 관중이 탐심이 많아 이익을 더 많이 가져갔다. 그러나 포숙아는, 저 친구는 워낙 가난하게 자라고 가정이 나보다 어려우니까 가져가겠지 생각하고 이해하였다. 또 관중이 전쟁터에 나가서 싸우다 그만 병기를 놔두고 세 번이나 탈영해서 도망을 왔다. 그러자 포숙아는 주변 사람들에게 말하길, 관중은 나이가 많은 노모가 있으니까 그를 살려내야 한다고 변론을 하고 다녔다. 후에 관중은 재상의 자리에 까지 올랐는데, '나를 낳아준 분은 부모지만 나를 진정으로 알아준 사람은 포숙아' 라고 말했다 한다. 그래서 우리는 친한 친구 사이를 관포지고(管鮑之交)라고 부른다. 위의 이야기에서와 같이 정말 좋은 친구가 된다는 것은 많이 참고 이해하고 넓은 아량을 가져야 하는 것이다.

그러면 나는 주위 친구들에게 얼마나 좋은 사람인가. 많은 사람들이 나를 친구로서 정말 좋아하는가. 한번 스스로 가슴에 손을 얹고 자문자답해 보자.

부처님께서는 『발경(孝經)』이라는 경전에서 친구를 꽃과 같은 친구,

저울과 같은 친구, 산과 같은 친구, 땅과 같은 친구 네 종류로 나누셨다. 꽃이 예쁠 때는 머리에 꽂고 시들면 버리는 것처럼 부귀한 것을 보면 붙고 가난해지면 버리는 것을 꽃과 같은 친구라고 하였으며, 물건이 무거우면 낮아지고 가벼우면 올라가는 저울같이 상대의 권세가 무거우면 비굴하게 굴고 가벼우면 업신여기는 것을 저울 같은 친구라고 하였다. 또, 새나 짐승이 황금 산에 모이면 그 털과 깃까지도 금빛이 되는 것과 같이 자기가 귀한만큼 남도 영화롭게 만드는 것을 산 같은 친구라 하고, 온갖 곡식과 재물을 친구에게 나누어 주어 부양하고 보호하여 주는 것을 땅 같은 친구라고 하였다.

그러나 요즘 사회는 하도 험악해서 친구를 바로 나쁜 일에 끌어들이거나 이용해 먹는다. 친구를 다단계판매회사에 끌어 들여 살림을 다 털리게 하고 허황된 꿈에 빠지게 하는 친구, 계모임을 조직해서 돈이 어느 정도 모이자 가지고 도망가는 부류의 친구들이다. 사실 그런 사람들은 친구가 아니고 원수이다. 우리는 당연히 꽃과 같은 친구, 저울과 같은 친구를 지양하고 산 같고 땅 같은 친구가 되어야 한다.

그러면 친구를 어떠한 마음으로 사귀어야 하는가.

첫째, 상대의 입장이 되어 생각해야 한다. 아무리 힘들고 화가 나는 일이라도 상대방, 즉 당사자의 입장이 되어 생각하면 다 이해가 되는 법이다. 둘째, 가까울수록 예의를 갖춰야 한다. 친하다고 함부로 대하다가 싸워 헤어지는 경우를 본다. 친한 친구간일수록 더 극진히 예를 갖추고 살면 그 우정은 영원할 것이다. 셋째, 완벽한 사람이 아니라 솔직한 사람이 되어야 한다. 좀 부족하더라도 정직하고 솔직한 사람이 되라는 말이다.

백아절현(伯牙絶絃)이라는 말이 있다. 백아가 친구의 죽음을 슬퍼하며 거문고 줄을 끊었다는 고사의 이야기다. 춘추시대에 거문고의 명수로 이름 높은 백아에게는 그 소리를 누구보다 잘 감상해주는 친구 종자기가 있었다. 백아가 거문고를 타면 옆에서 귀를 기울이고 있던 친구 종자기는 이심전심으로 벌써 알아차리고 연주의 정황을 읽었다.

"정말 멋져. 하늘 높이 우뚝 솟는 느낌은 마치 태산 같군. 훌륭해. 그 연주는 힘차게 흘러가는 황하의 강물 같군."

두 사람은 그렇게 잘 맞는 연주자이자 청취자였는데, 불행하게도 어느 날 친구 종자기가 병으로 죽고 말았다. 그러자 백아는 절망한 나머지 거문고 줄을 끊고 다시는 연주하지 않았다고 한다.

좋은 친구는 우리가 인생을 살아가는데, 없어서는 안 될 소금 같은 존재다. 이제부터라도 관중과 포숙아 같은 친구, 백아와 종자기 같은 친구를 많이 사귀어 보다 윤택한 삶을 영위하기 바란다.

진흙 속에 피어난 연꽃처럼

얼마 전 스님을 만나러 인근 절에 간 적이 있었다. 그 절에는 절 마당에 검은 플라스틱 통을 많이 가져다 놓고 마당 가득 연꽃을 심었다. 처음에는 연도 싹을 틔우지 않고 플라스틱 통만 쭉 늘어놔서 어쩐지 이상해 보였었다. 그런데 그날 가보니 연꽃들의 이파리는 무성하고 꽃들은 만개하여 장관을 이루고 있었다.

부처님께서 영산회상에서 법문을 하실 때 말없이 연꽃을 들어 대중들에게 보였다. 그 자리에 참석한 수많은 사람들은 어리둥절했을 것이다. 부처님께서 왜 저러실까 의아해 하며 고개를 갸우뚱거린 사람도 있었을 것이다. 아무튼 그 뜻을 알아차리지 못한 대중들은 모두 침묵하였다. 오직 한 사람, 마하가섭만이 그 뜻을 알아차리고 미소를 지었다. 그리고 자리에서 일어나 합장하고 서서 온화한 모습으로 침묵하였다.

부처님은 연꽃을 들어 마음을 전했고, 제자 마하가섭은 그 뜻을 알아차리고 말없이 미소를 지었다. 우리는 이것을   염화미소(拈花微笑)라고 한다. 말 한 마디 없었음에도 불구하고 마음과 마음이 서로 통한 것이다. 위의 이야기는 『대범천왕문불결의경(大梵天王問佛決疑經)』에 나오는 일화이다.

이때부터 연꽃은 불교를 상징하는 꽃이 되었다. 부처님의 자비와 평화를 의미하는 꽃이 된 것이다. 다 줘도 마음만은 주지 말라는 말이 있듯이 마음은 중요한 것이다. 그런데 부처님께서는 그렇게 중요한 마음을 이 연꽃에 담아 대중들에게 보낸 것이다. 그러자 제자 마하가섭은 그 마음을 이어받아 부처님 사후 그 뒤를 이어 교단을 이끌어나가게 된다. 그러니 이 얼마나 성스럽고 아름다운 꽃인가.

나는 마당을 거닐면서 연꽃들을 관찰하고 감상했다. 방금 전에 소나기가 한번 뿌리고 간 뒤라서 연잎 위에는 비교적 큰 물방울들이 송송 맺혀 있었다. 그러나 입으로 한번 휙 불자 물방울들은 모두 굴러 떨어지고 잎에는 물기 하나 남아있지 않았다. 근묵자흑(近墨者黑)이라는 말이 있다. 검은 것을 가까이하면 나도 모르게 물이 든다는 말이다. 그러나 연잎에는 이 말이 통하지 않으며 그 어떤 오물이나 이물질도 단호하게 거절한다. 연잎은 더러운 것도 가까이 하지 않고 깨끗한 이슬도 가까이 하지 않고 항상 중심을 잘 잡는다.

뿌리 부분은 진흙이다 보니 모기들이 알을 까서 수많은 벌레들이 살고 더위와 흐르지 않는 이유로 인해 물이 부패했다. 그런 곳에서는 악취가 났다. 그러나 연뿌리는 아무 장애 없이 그 지저분한 물에 뿌리를 박고 싱싱하게 잘 살아가고 있었다. 오히려 그런 탁한 물을 정화하는 기능까지 있다고 한다.

요즘 세상을 보면 그렇게 아름다운 것만은 아니다. 집 주위에는 여기저기 쓰레기가 넘쳐나고 술집과 사행성 도박장이 즐비하다. 술에 빠져든 회사원이 패가망신하고 도박에 빠진 사람은 집과 차를 모두 팔고 이혼까지 당한다. 살인과 절도 같은 강력 범죄가 하루가 멀다 하고 일어난다. 집단 이기주의와 시기 질투가 그칠 날이 없다. 이런 사회는 자기의 중심을 잘 잡아야 한다. 풀들은 비바람에 쉽게 쓰러지지만 비가 그치면 언제 그랬느냐는 듯이 일어난다. 자기중심을 잡지 못하면 파도가 심하게 치는 돛단배와 별반 다를 것이 없다. 더러움 속에서 어울리되 물들지 않고, 흔들리되 꺾이지 않는 연꽃 같은 삶이 필요한 때다.

이제는 꽃이 막 피기 시작하는 백련 앞으로 갔다. 많은 꿀벌들이 꿀과 꽃가루를 따기 위해서 모여들었다. 그러나 워낙 크고 넉넉한 꽃이라서 많은 벌들이 한꺼번에 꽃술에 들어가서 꿀을 빨고 뒹굴어도 아무 걸림이 없었다. 연꽃은 꽃도 그렇고 잎도 둥글둥글하고 원만하여 보고 있으면 마음이 넉넉해지고 평화로워진다. 그래서 그 앞에 서면 근심을 풀 수 있는 꽃이다.

세상은 송곳으로 가득 차 있다. 철물점에만 송곳이 있는 것이 아니라 이웃나라에도 송곳이 있고, 물과 불에도 송곳이 있다. 사람의 눈과 입에도 송곳이 몇 개씩 있고, 사람 마음에도 보이지 않는 송곳이 많다. 여기를 가도 저기를 가도 조심하지 않으면 찔리고, 반대로 찌를 수도 있다. 이런 사회일수록 사랑으로 세상을 두루 감싸 안는 연꽃 같은 삶이 절실하다.

연꽃은 애써 깨끗하고 좋은 터를 찾지 않는다. 더러운 곳에 살면서도 그것을 멀리하지 않는다. 다만, 물들지 않으며 청정한 삶을 유지한다. 오히려 특유의 자비롭고 온화한 미소로 더러운 곳을 극락으로 만든다. 이것은 부처님께서 바라고 원한 삶의 원형인 것이다.

돌아오는 길, 옷깃에 밴 연향은 모두 지워졌지만 내 마음 속에 남은 연향은 오래도록 남아 나를 미소 짓게 만들었다.

하나에 집중하기

우리는 세상을 살아가다 보면
수많은 만남과 인연으로 인해서 정신은 어지러워지고 생각은 분산된다. 그것이 하루가 쌓이고 한 달이 쌓이고 일 년이 지나다 보면 우리는 타성에 젖어서 세상을 살게 된다. 나중에는 '짧은 인생 둥글둥글 대충 살지 뭐' 하고 체념해 버린다. 물론 그렇게 마음을 먹으면 당장은 행복할 수 있지만 우리는 발전을 못하고 대충 살다가 흐르는 강물처럼 빠르게 흘러가 버린다. 필경 나중에는 깊이 후회하며 죽게 된다.

그러나 자기가 나아갈 길을 바로 알고 목표를 정하고 달리는 사람은 분명 자기 목표를 성취할 수가 있다. 당장은 힘들고 괴롭지만 자기가 좋아하는 일을 이루어 놓은 행복감에 젖어들 수가 있다.

사냥을 무척 좋아한 왕이 하루는 사냥을 나갔다. 그 왕은 이슬람교를 믿었는데, 사냥 도중에 저녁 기도 시간이 되었다. 그래서 왕은 땅바닥에 매트를 깐 다음 무릎을 꿇고 기도를 올리고 있었다.

그때 한 농부의 아내가 지나가고 있었다. 그녀는 아침에 집을 나가서 저녁이 다 되도록 귀가를 하지 않는 남편이 걱정스러워서 직접 찾아나서는 길이었다. 그녀는 그 생각에 너무나 열중한 나머지 기도하는 왕을 발견하지 못하고 왕과 부딪쳐서 넘어지고 말았다. 하지만 무슨 일이 일어났는지조차 깨닫지 못한 그 부인은 일어나서 사과 한 마디 없이 숲으로 들어가 버렸다.

뜻하지 않은 훼방에 왕은 화가 치밀어 올랐지만, 그는 기도 중에는 누구와도 말을 하지 않는다는 기도 규칙에 따라 기도에만 충실했다. 왕의 기도가 끝나갈 무렵, 산속으로 들어갔던 농부의 아내가 자기 남편과 함께 걸어 나오고 있었다. 남편을 만난 부인의 얼굴은 기쁨으로 가득 차 있었다. 그러나 그녀는 자신을 노려보는 왕과 신하들의 눈빛을 의식하고 놀라서 몸 둘 바를 몰라 했다.

왕이 그녀를 향해 소리쳤다.

"네 무례한 행동에 대해 변명해 보아라. 그렇지 못하면 당장 엄벌에 처할 것이다!"

그러자 부인은 안절부절 못하던 조금 전과는 달리 매우 당당한 태도로 왕의 얼굴을 쳐다보면서 말했다.

"폐하, 저는 방금 전 온통 제 남편 생각에 폐하가 그곳에 있고 저와 부딪친 분이 폐하라는 것을 몰랐습니다. 마찬가지로 폐하께서도 기도를 드리고 계셨다면 제 남편보다 더 고귀하고 절대자이신 그분 생각에 온통 젖어 있었을 것인데 어찌 저 같은 미천한 존재를 알아보셨는지요?"

그 말을 들은 왕은 심한 부끄러움을 느끼고 아무 말도 하지 못했다는 이야기다.(『세상 누구도 가르쳐 주지 않는 인생의 참 지혜』, 김하)

한 가지에 인생을 걸려면 이처럼 기도하는 동안 누가 달려와서 부딪쳐도 알 수 없을 정도가 되도록 미쳐야 한다. 요즘에는 그 분야에 미치지 않으면 최고가 될 수가 없다. 부처님께서도 수행에 집중할 때는 길옆으로 500대의 수레가 희부연 먼지를 내며 지나갔어도 알지 못하고 삼매에 빠져 있었다는 일화가 있다. 선방에서 수행하는 스님들도 화두라는 것이 있어서 그 화두에 집중하면 주위의 온갖 번잡함과 시공을 초월해 버린다.

우리는 염불기도를 하더라도 참선을 하더라도 이렇게 미쳐서 해야 한다. 독경을 하든지 염불을 하든지 기도하는 중간 중간에는 그 어떤 잡념도 들어가서는 안 된다. 우리는 보통 기도하는 중간 중간에 가족 걱정과 사업 걱정을 하는데 그러면 기도하는 의미가 없다. 오직 일념이 되어서 부처님과 내가 일체가 되었을 때에 그 마음이 증폭되고 커져서 하늘이 감응하고 소원이 이루어지는 것이다.

사업을 하더라도 한 가지를 잡고 집중해야 한다. 이것저것 만물상이 되어서는 안 된다. 이것 저것 두루 잘하는 것 보다는 한 가지라도 초일류가 되는 것이 더 중요하다. 하다못해 구두닦이를 하더라도 하나의 일에 집중하고 인생을 걸어야 진정 최고가 되고 길이 보이는 것이다.

산삼은 몸에 상처를 입거나 때가 아니면 이파리도 끊고 잔뿌리도 끊고 몇 년 동안 깊이 침잠한다고 한다. 불필요한 모든 것들을 몸에서 제어내고 마음을 하나로 모아 집중한다. 그리하여 때가 되면 다시 뿌리를 내리고 싹을 틔우는 것이다.

나무도 가을이 되면 몸에 붙은 이파리나 썩은 가지들을 모두 떨쳐버리고 차가운 겨울 앞에 당당하게 선다.

자기의 인생 목표가 정해졌다고 하면 하나에 집중해야 한다. 자신에게 불필요한 잔가지들은 모두 쳐버리고 마음을 하나로 모아 앞으로 나아가야 한다.

함께 공존하기

여름 장마가 오니 공기는 축축하고 날씨는 무덥다.
지네는 무덥고 습한 날씨를 좋아한다고 하는데, 갑자기 지난번에 보았던
지네 생각이 나자 등줄기가 근질근질하고 소름이 끼쳐온다. 나는 한동안
지네라고 하면 진저리를 쳤다.

나는 전에 지대가 높고 가파른 절에서 몇 년을 살았다. 그 절에는 이상
하게 지네가 많이 나왔다. 얼마나 많은지 비가 부슬부슬 내리는 습한 밤
이면 시누대나무 숲에서 절 담벼락을 타고 올라오는 놈들을 심심치 않게
볼 수가 있었다. 잠자는 도중에 머리맡에서 소리가 나 불을 켜면 배게 옆
으로 지네가 지나가고, 저녁 잠자리에 들려고 누웠는데 천장에 붙어서 나
를 내려다보고 있는 놈도 보았다. 아침 예불을 보기 위해서 일어나 눈을
비비며 반가부좌를 하고 있는데 내 허벅지 사이에서 커다란 놈이 나오는

것도 보았다. 사무실에 앉아서 신도와 상담을 하다가도 벽 구석에서 시커먼 놈이 나와 한동안 소동이 벌어지기도 하였다. 창문을 열다가도 문틀에서 나와 손등에 떨어지기도 하였다. 아침 예불을 나가려고 방문을 열고 나오다가 발밑에 뭔가 뭉클하여 놀라 보면 발밑에 그놈이 꿈틀거리고 있었다. 지네를 밟은 것이다. 내가 지네 때문에 고민을 하자, 아는 약국 거사님이 그놈을 잡기 위해서 빈 통에 닭고기를 넣어서 요소요소에 묻었다. 그러나 별 효과는 보지 못했다.

내가 지네로 인해 고통을 받고 있는 것처럼, 세상 사람들도 싫어하는 것 하나쯤은 가지고 산다. 그 대상이 사람일 수도 있고, 동물이나 곤충일 수도 있으며 알레르기를 일으키는 꽃가루나 내 몸 속에 기생하는 병균 바이러스 일 수도 있다. 싫어하는 것과 함께 살아야 한다는 것은 이루 말할 수 없는 고통이자 괴로움이다.

불교에서는 이것을 원증회고(怨憎會苦)라고 한다. 인생 팔고(八苦) 중의 하나에 속하는 괴로움인 것이다. 인간은 사회적인 동물이라고 하듯이 실로 우리는 많은 사람들과 교류하고 접하면서 산다. 그 많은 사람들과 살다보니 나하고 어딘지 모르게 잘 맞는 사람이 나타나기도 하고, 이상하게도 하는 일마다 통하지 않고 막히기만 하는 사람들도 있기 마련이다. 서로 잘 맞지 않아 말다툼을 하면서 붙어살아야 한다는 것은 큰 고통이다. 특히 부모라든가 부부, 직장 동료와 뜻이 맞지 않는 경우는 심각해진다. 맞지 않는다고 당장 헤어질 수도 없는 상황이기 때문이다.

현대 사회는 이런 갈등 상황에 자주 부딪치게 된다. 그러나 그것을 다 피할 수는 없다. 다가오는 어려움을 이겨내고 참고 이해하며 살아야 하는 것이다. 그런 갈등을 이겨내기 위해서는 삶의 다양성을 인정하고 보다 넓은 아량을 가져야 한다. 세상을 제대로 알지도 못하고 인생의 한 귀퉁이만 산 어떤 사람이 자기의 주장만 내세우면 문제가 커진다. 우물 안의 개구리가 자기 우물 밖에는 다른 세상이 있다는 것을 까맣게 모른 채 자기 주장을 펴는 경우와 같다. 사람은 원래 이래야 돼, 저래서는 안 돼 하면서 자기가 좋아하는 선입관이라는 틀에 넣게 되니까 자꾸 특정한 사람이 미워지고 싫어지는 것이다. 세상은 이런 사람도 있고 저런 사람도 있다는 넓은 아량이 있어야 하는 것이다.

내가 지네를 싫어하는 것은 선천적인 본능도 좀 있을 것이다. 그러나 더 근본적인 이유는 나의 고정된 생각일 것이다. 발이 많은 곤충은 원래 징그럽다는 생각, 독이 있는 동물은 위험하다는 생각, 음습한 땅에서 사는 곤충은 왠지 불결하다는 생각이 무섭고 징그러운 이미지로 변해서 싫어하게 되지 않았나 생각한다.

내 입장에서 생각하고 상대방의 입장에 서서 고려하지 않은 것이다. 사실 지네는 사람을 일부러 물지도 않고 피해를 주지도 않는 보통의 곤충일 뿐이다. 문제는 내 마음에서 시작된 것이다. 다른 것을 미워할 것이 아니

라 타인에 대하여 미워하는 생각을 하는 나 자신을 미워하고 책망해야 하
는 것이다.

나는 그렇게 한동안 지네를 피하려고만 하다가 안 되겠다 싶어 어느 날
부터 마음을 고쳐먹기 시작했다. 자꾸 피하려고 하니까 오히려 내 눈에
더 많이 나타나는 것 같았기 때문이다. 힘들더라도 이제는 지네를 봐도
피하려고 하지 않고 한동안 지켜보며 관찰을 했다. 지네가 문틈에서 서서
히 들어와 이불 속으로 들어가더라도 나는 참고 관찰하며 기다렸다. 무서
움이 서서히 가라앉고 담담해질 때까지 지켜봤다. 그리고 동정어린 마음
으로 쳐다보았다. 발이 너무 많아서 걷기에 참 힘들 것이고 너무 작아 동
물들에게 밟혀죽기도 할 것이고 닭 같은 천적들에게 잡아먹히기도 할 것
이라는 측은한 마음을 가지기도 하였다. 그리고 아무리 무서워봤자 곤충
에 불과하다는 생각을 했다. 그러자 지네에 대한 무서움이 많이 반감되었
다. 이제는 지네가 나타나도 옛날같이 호들갑을 떨지 않는다. 지네와 같
이 공존하며 살아가는 법을 어느 정도 배운 것이다.

세상은 혼자 살 수가 없다. 우리는 완벽하지 못하며 약간의 실수는 너
그럽게 용서할 줄도 알아야 한다. 인간관계에서 좀 밉고 보기 싫은 사람
이 있더라도 담담하게 받아들여야 한다.

지금 현재의 사람들이 싫고 밉다고 해서 이곳을 떠나 맘에 드는 사람들
을 찾아간다면 그 사람은 그곳에서도 다시 싫은 사람을 만날 것이다. 왜

냐하면 세상살이의 기본 틀이 어디나 비슷하기 때문이다. 현실을 회피하
려 하지 말고 나의 마음을 바꿔야 한다. 알고 보면 내가 싫어하고 미워하
는 사람도 나에게는 다 깨달음을 주는 인생의 스승이요 동반자요 친구인
것이다.

행복은 가까이 있다

몸과 마음을 움츠리게 했던

겨울이 가고 따스한 봄이 왔다. 봄이 오면 사람들은 너도나도 여행을 떠난다. 행복을 찾아서 봄이 가장 빨리 온다는 남해안을 찾기도 하고, 높은 산을 오르기도 한다. 또는 푸른 희망을 찾아 동해를 찾기도 한다. 그러나 이른 봄꽃들이 피어나고 새싹들이 피어나지만, 우리들의 마음이 자유롭지 못하고 불편하다면 아직 봄이 온 것이 아니다.

어떤 남자가 잘 사는 친구 집에 가서 술을 마시다가 그만 취해 쓰러져 잤다. 그 친구가 자고 있을 때, 마음씨 좋은 부자 친구는 가난한 친구를 위하여 값을 매길 수 없는 고가의 보석을 그 친구의 옷 끝에 동여매 주었다.

그 다음날 가난한 친구는 자리에서 일어나 여행을 계속하다가 어려움을 많이 겪었다. 돈이 없어 굶는 날이 많았고, 잠은 다리 밑이나 길가에서 자는 일이 많았으며, 옷은 다 헤어져서 맨살이 다 드러났다.

그러다가 다시 얼마 후에 자기 옷에 보물을 몰래 넣어둔 부자친구를 다시 만났다. 그 부자 친구가 보니 그 가난한 친구는 몰골이 옛날과 전혀 달라지지 않고 여전히 거지꼴이었다.

그 모습을 본 부자 친구가 말했다.

"친구여. 자네는 왜 그리도 돈이 없어 고생하고 있는가. 나는 자네가 편안하게 지낼 수 있을 정도의 귀중한 보물을 자네의 옷에 동여매어 두었네. 자네는 자기 옷에 무엇이 동여매어 있는지, 한 번도 생각해 보지도 않다니 참 바보이네. 자 이제는 큰 도시로 나가서 보석을 돈으로 바꾸어서 그 돈으로 하고 싶은 일은 무엇이든 하게나."(『법화경』 오백제자수기품)

법화경(法華經)에 나오는 이야기다. 가난한 친구는 자기 옷에 세상에서 그 무엇과도 바꿀 수가 없는 귀중한 보물이 있는 줄을 모르고 구걸을 하면서 아주 힘들게 살아간다. 이 보물을 팔면 집도 살수가 있고 먹을 것도 살수가 있고, 옷도 살 수가 있는데 말이다.

여기에서 가난한 친구는 행복을 찾아서 이리저리 헤매고 있는 우리 자신이다. 우리는 행복이 가까이 있는 줄 모르고 항상 밖으로만 헤매고 있다. 그러나 행복이라는 새는 신기루처럼 쉽게 잡히지가 않는다. 그래서 중간에 지치기도 하고 세상을 포기하기도 한다. 술과 도박에 빠지기도 하고 마약에도 빠진다. 그러나 그때만 즐거울 뿐 허무가 엄습한다.

마테를링크의 『파랑새』라는 책이 있다. 가난한 나무꾼의 오누이가 행복을 찾아 가는 모험을 그리고 있다. 온갖 어려움을 겪지만, 오누이는 파랑새를 찾지 못한 채 집으로 돌아온다. 그런데 그토록 찾아 헤매던 파랑새는 자신의 집 새장 안에 있다는 내용이다.

이처럼 행복이란 먼 곳에 있는 것이 아니다. 행복이란 우리가 손으로 잡을 수 있는 곳에 자리 잡고 있다. 하늘에는 별이 초롱초롱 빛나고 있지만 우리들 마음에 먹구름이 끼면 보지 못하고, 꽃피는 봄이 찾아왔건만 재물이나 권력에 눈이 어두워져 있다면 아마 자연의 아름다움을 볼 수 없을 것이다.

행복은 밖에서 찾는 것이 아니라 안에서 찾는 것이다. 일체유심조(一切唯心造), 모든 것은 마음먹기에 달려있다고 했다. 우리 마음을 한번 바꾸면 지옥이 극락으로 변하고, 절망이 희망으로 변한다.

우리는 살아가면서 가족의 소중함을 모른다. 항상 같이 있고 옆에 살아서 중요함을 잊고 사는 것이다. 오히려 실증을 느끼고 싫어하는 마음을 낸다. 그리고 가족 간에 티격태격 싸우기도 한다.

그러나 그런 부부사이라 할지라도 사고가 나서 다쳤을 때 가장 먼저 와서 돌봐주는 사람도 배우자이고, 돈을 벌어다 주는 사람도 배우자이고,

세상을 먼저 하직했을 때도 장사를 지내주는 사람도 배우자이다. 가까이
지내던 사람들은 그런 어려움이 닥치면 아무도 쳐다보지 않는다. 오직 배
우자만이 끝까지 책임져 주는 것이다. 그러니 얼마나 소중한가.

또 내 주위에 친구가 있다. 어떤 때는 친구가 능력이 부족하고 별 볼일
없다고 무시한다. 그러나 그런 친구들도 내가 힘들고 어려울 때는 와서
아낌없이 도움을 주고 힘을 준다.

그런데 우리는 내 남편이 능력이 부족하다면서 더 좋은 남자 없나 하고
눈을 돌리고, 내 친구는 맘에 들지 않는다면서 더 맘에 드는 친구를 찾아
나선다. 우리는 보물이 옆에 있는 줄을 모르고 멀리서만 찾으려고 하고
있다.

행복은 먼 곳에 있는 것이 아니다. 한 생각 돌리면 내 가족과 내 이웃과
친구들이 사는 이곳이 바로 극락이자 행복이 머무는 곳이다.

화 다스리기

우리의 마음은 하루에도
수백 수만 번씩 뒤바뀌고 틀어진다. 배신감 때문에 화를 내고 불만 때문에 화를 낸다. 그 화가 지나치면 분노가 되고 분노가 지나치면 폭력으로 이어져서 사람이 다치거나 물품 파손으로 이어지기도 한다.

화의 뿌리는 자신에 대한 욕심이나 사랑에서 온다. 그래서 주위의 가까운 사람들이 나를 무시하고 사랑해 주지 않거나 손해를 본다는 생각이 들면 우리는 화를 낸다.

어느 날 부처님께서 거처하시는 곳으로 잔뜩 화가 난 젊은이가 씩씩거리며 찾아왔다. 그 젊은이는 다른 종교를 믿는 사람으로, 자기를 아끼는 친척이 부처님의 제자가 되었다는 사실을 몹시 불쾌하게 여기고 있었다.

젊은이는 부처님께 마구 욕을 퍼부었다. 그러나 부처님은 조금도 흔들림 없는 표정으로 묵묵히 앉아만 계셨다. 그러자 한참 동안 씩씩거리며 욕을 하던 젊은이는 제풀에 지쳐 잠잠해졌다. 주위가 잠잠해진 것을 안 부처님은 그때서야 비로소 입을 열었다.

"그대의 집에 손님이 찾아온 일이 있는가?"

잔뜩 골이 난 젊은이는 퉁명스럽게 있다고 대답했다.

"그렇다면 그 손님에게 음식을 대접했는가?"

"가끔씩은 그러기도 하오."

"그대가 손님에게 음식을 주었는데, 손님이 그 음식을 먹지 않고 놔둔다면 그 음식은 누구의 것이 되겠는가?"

"그야 물론 내 것이 되지요."

"그대는 조금 전에 많은 욕을 나에게 주었네. 그런데 나는 아무것도 받지 않았네. 그대가 한 욕은 누구의 것이 되겠는가?"

그러자 그 젊은이는 부처님의 질문에 말문이 막혀버렸다. 곧 그 젊은이는 부처님께 절을 하였고 나중에 가족들을 모두 데려와 제자가 되었다는 이야기다.

이처럼 부처님께서는 말할 가치가 없는 사람에게 비방을 받아도 대꾸를 하지 않음으로서 그 비방과 욕은 고스란히 다시 그 사람에게 돌아갔다. 부처님께서는 어떠한 비방에나 모함에도 흔들림 없이 중심을 잘 지켰고 지혜로 오히려 그들을 굴복시키고 불제자로 만들었던 것이다.

그럼 이렇게 화나고 짜증을 유발하는 것들에 대하여 우리는 어떻게 대처해야 하는가.

첫째, 삶이 무상하고 허망함을 알면 화낼 것이 없다. 부처님 말씀 중에 제행무상(諸行無常)이라는 말씀이 있다. 세상에 고정 불변하는 것은 없고 모든 것은 다 변하여 흘러가 버린다는 것이다. 사실 우리는 얼마 살다가 사라질 물과 구름 같은 허망한 존재다. 그런데 우리는 서로 잘났네, 손해 보았네, 나를 알아주지 않네, 자존심이 상했네 하면서 화를 낸다. 이 모든 것들이 자신에 대한 욕심에서 나오는 것이다. 그러므로 이 모든 것들은 공(空)이고 흐르는 강물처럼 다 흘러가버린다는 생각을 하면 우리는 서로 화내고 싸울 필요도 없는 것이다.

둘째, 우리는 하나임을 알아야 한다. 우리가 싸우는 이유는 너와 나를 구분하기 때문이다. 너와 나를 구분하면 욕심이 생긴다. 그러나 연기법에서 보면 이 세계는 서로서로 수없이 얽혀 있다. 알고 보면 이 지구 전체가 나이자 우리인 것이다.

이처럼 강가의 모래 한줌이 없어져도 나에게 피해가 오고, 내 주위의 나무 한 그루나 돌멩이 하나라도 없어져도 다 나에게 피해가 온다. 하물며 주위의 가족이나 친구는 더욱 그렇다. 그런 우리에게 화를 낼 하등의 이유가 없는 것이다. 그래서 우리는 보다 넓은 마음으로 화를 내는 대신 이웃을 포용하고 감싸야 한다.

셋째, 상대방의 입장에 서서 생각해봐야 한다. 이 세상은 혼자는 살 수가 없다. 사람들은 가까이 살아도 그 귀중함을 알지 못하고 살고 있다. 술을 많이 먹어서 미운 남편, 돈을 많이 못 벌어서 미운 남편, 다른 여자들처럼 멋이 없고 무뚝뚝해서 싫은 부인 등 끝이 없다. 그러나 남편이 없으면 어떻게 자식을 낳았고, 누가 하루도 쉬지 않고 돈을 벌어다 주며, 부인이 아니면 이 고달픈 인생의 따뜻한 동반자가 되어주겠는가.

아무리 화가 나더라도 상대방의 입장이 돼서 생각하면 그 화는 많이 줄어들고 정말 화를 내지 않아도 될 일도 많다. 상대방의 입장이 돼서 '왜 저 사람이 저런 행동을 했을까?' 하고 반문한다면 그 화는 많이 줄어들 것이다.

이제는 한 순간 마음을 쉬고 자신을 돌아보자. 행복하게 살기 위해 살아가는 인생, 화를 줄이고 행복해지도록 미소 지어보자.